Molière

Dom Juan

ou
Le Festin de Pierre

Édition présentée, établie et annotée
par Georges Couton

Gallimard

Édition dérivée de la Bibliothèque de la Pléiade.

Nous remercions Carine Barbafieri d'avoir mis à jour cette édition.

PRÉFACE

Histoire de la pièce

Quelques dates d'abord : 15 février 1665, première avec un très grand succès. Mais dès la seconde représentation, la scène du pauvre est amputée. Le relâche de Pâques arrive. À la réouverture, Dom Juan a quitté l'affiche. Il est clair que l'auteur a reçu l'ordre, ou au moins le conseil pressant, de renoncer à Dom Juan.

En avril, une polémique oppose un ennemi de la pièce, l'auteur des Observations sur une comédie de Molière intitulée Le Festin de Pierre, à deux partisans de Molière.

Après quoi le silence, jusqu'après la mort de Molière. En 1676, le comédien Champmeslé fabrique une petite pièce en deux actes, Les Fragments de Molière, en cousant tant bien que mal ensemble quelques scènes de la pièce. En 1677, les comédiens de l'Hôtel Guénégaud demandent à Thomas Corneille, le frère cadet de Pierre, d'expurger Dom Juan de ses audaces et de le transcrire en vers. Cette transcription sera jouée jusqu'en 1841.

L'Odéon (1841), la Comédie-Française (1847) revinrent alors au Dom Juan *en prose de Molière.*

L'histoire des éditions est complexe aussi. Le privilège pris par Molière (11 mars 1665) n'est pas utilisé. Dom Juan *n'est imprimé qu'après sa mort en 1682. Les éditeurs ont dû édulcorer le texte. Cela ne parut pas suffisant à la censure : il fallut imprimer des « cartons[1] » ; trois exemplaires échappés au cartonnage sont connus, dont celui du lieutenant de police La Reynie.*

En 1683, un libraire d'Amsterdam donne le texte intégral, celui que, selon toutes probabilités, avaient entendu les spectateurs du 15 février 1665. Ce texte, réimprimé deux fois encore (1694, 1699), est ensuite oublié.

On garde seulement le vague souvenir qu'existait une audacieuse « scène du pauvre ». Mais les éditeurs successifs ne l'ont pas eue entre les mains et ils reproduisent tous l'édition cartonnée de 1682. En 1813 seulement, la scène du pauvre de l'édition non cartonnée de 1682, et, en 1819, l'édition d'Amsterdam (1683) sont retrouvées. Est publié ainsi pour la première fois le texte que Molière avait d'abord voulu donner ; c'est naturellement ce texte que nous imprimons ici[2].

---

1. Un carton est une page qu'on imprime après coup et qu'on insère à la place de la page qu'on a voulu modifier.
2. Notre texte de base est donc celui de 1682 non cartonné ; mais nous l'avons complété en insérant à leur place les passages sacrifiés que nous fait connaître l'édition hollandaise de 1683. — Pour les détails de ces problèmes de texte, voir Bibliothèque de la Pléiade, t. II, p. 1291.

Revue de presse

Tout de suite, la pièce fut très violemment contestée. Il y eut une querelle de Dom Juan, *qui a laissé peu de traces écrites mais dont on entrevoit l'extrême âpreté. Le ton des* Observations sur une comédie de Molière intitulée Le Festin de Pierre *de Rochemont — c'est un pseudonyme — est violent : accusation d'athéisme en bonne forme. Le plus intéressant est son analyse du rôle de Sganarelle, tenu par Molière.*

Sganarelle et Dom Juan se partagent les quatre sortes de l'impiété : l'impiété déclarée qui blasphème ; l'impiété cachée qui n'adore qu'en apparence ; l'impiété qui croit en Dieu « par manière d'acquit » sans le craindre ; l'impiété qui en apparence défend la religion, mais pour la détruire « en en affaiblissant malicieusement les preuves ou en ravalant la dignité de ses mystères ». Sganarelle a pour sa part trois de ces variétés : il est « libertin et malicieux ». « Le libertin a quelque sentiment de Dieu, mais il n'a point de respect pour ses ordres, ni de crainte pour ses foudres, et le malicieux raisonne faiblement, et traite avec bassesse ou en ridicule les choses saintes. » Il ne croit que le Moine-Bourru et Molière ne peut parer au juste reproche qu'on lui fait d'avoir mis la défense de la religion dans la bouche d'un valet impudent, d'avoir exposé la foi à la risée publique. « Un valet infâme, dit-il encore, fait au badinage de son maître... un Molière habillé en Sganarelle, qui se moque de Dieu et du Diable, qui joue le Ciel et l'Enfer, qui souffle le

chaud et le froid, qui confond le vice et la vertu, qui
croit et ne croit pas, qui pleure et qui rit, qui reprend
et qui approuve, qui est censeur et athée, qui est hypocrite et libertin, qui est homme et démon tout ensemble. »

Une complicité profonde le lie donc à Dom Juan.
Il ne faudrait pas pousser beaucoup Rochemont pour
lui faire dire que le personnage le plus dangereux n'est
pas l'athée qui blasphème, Dom Juan, mais l'athée
qui se cache, Sganarelle. Le problème est posé avec
vigueur : on détermine les intentions profondes de
Molière moins en pénétrant le personnage de Dom
Juan que celui de Sganarelle.

Le reste de la « revue de presse », les deux réponses
à Rochemont, importe moins. Notons cependant que le
prince de Conti accusa Le Festin de Pierre d'être « une
école d'athéisme ouverte ».

De Tirso de Molina à Molière :
le rôle du père, le rôle d'Elvire

La filiation du sujet est connue : une légende puis
une comédie espagnoles ; des adaptations italiennes,
dont une en commedia dell'arte (1638) ; puis Le Festin
de Pierre ou le Fils criminel de Dorimond (Lyon,
1658) ; et celui de Villiers (Hôtel de Bourgogne,
1659) ; enfin Molière. Il s'est inspiré surtout de Dorimond et de Villiers, dont les œuvres ne sont pas négli-
geables, et du scénario des Italiens. Mais il a beaucoup ajouté et renouvelé.

Il développe l'élément de pastorale en faisant parler ses paysans en leur patois. Surtout, il développe le rôle du père, lui prête des remontrances fermes et touchantes, le rend émouvant. L'horreur un peu élémentaire suscitée par le fils criminel fait ainsi place à un sentiment plus complexe, où entre le mépris pour la vilenie hypocrite de Dom Juan et chez le spectateur le sentiment qu'il a été personnellement trompé.

Le rôle d'Elvire est tout entier une création de Molière. Elle apparaît d'abord en femme offensée qui poursuit un mari infidèle. Puis elle revient, voilée, prête à entrer dans la retraite et à expier. Elle ne veut plus se venger, mais seulement sauver l'âme de Dom Juan, poussée par la charité chrétienne et songeant sans doute au dogme de la réversibilité des mérites et de la communion des saints. Dom Juan n'est pas ému de pitié, mais d'un sentiment littérairement très neuf : les larmes de l'amante abandonnée sont une manière d'aphrodisiaque.

Le rôle du père, celui d'Elvire enrichissent celui de Dom Juan, révèlent en lui le roué, avec sa courtoisie, à l'occasion insultante, et qui est le refus de l'émotion ; avec la négation de la morale : le bien ni le mal n'existent, il n'existe que le plaisir. Le plaisir est dans la conquête, exercice de l'intelligence, complété par le goût de corrompre. Dom Juan ne serait pas déplacé dans Les Liaisons dangereuses.

Elvire reparaît sans doute une troisième fois. Un spectre de femme voilée vient avertir Dom Juan qu'il n'a plus qu'un instant pour se repentir. Dom Juan croit reconnaître cette voix. Nous le croyons aussi :

*c'est Elvire, représentant toutes les victimes du séduc-
teur, représentant aussi la Grâce une dernière fois
offerte, avant de laisser place au Temps, qui fauche
tout.*

*Avec le père, avec Elvire se développe un pathétique
qui appartient à Molière seul. Chez lui seul se déroule
une aventure complète de Dom Juan. Premier épisode,
une conquête : une petite paysanne sotte et vaniteuse
est prise au miroir aux alouettes du mariage, avec une
facilité qui rend la conquête dérisoire et avilit le
conquérant. Deuxième épisode, un abandon : avec
Elvire. L'histoire d'Elvire apporte sa conclusion à
l'histoire de Charlotte. La femme séduite devant nous
est une paysanne, la femme abandonnée une grande
dame. Peu importe : les amantes pour Dom Juan sont
interchangeables. L'itinéraire amoureux, sur cette
carte du Tendre très simplifiée, est unique : de la
curiosité à la conquête, à la satiété, à la rupture, pour
l'amant ; de la tentation à la chute et au désespoir
pour l'amante. Cela revient à dire que la vie de Dom
Juan est d'une cruelle monotonie ; que cette existence,
peuplée d'innombrables femmes, interchangeables, est
en réalité une solitude. Cette quête toujours recom-
mencée de ce que le séducteur appelle amour le laisse
dans l'incapacité d'aimer ; elle est une forme de l'im-
puissance, non physiologique, mais sentimentale. La
présence d'Elvire a donné à la pièce une amertume
profonde ; la présence de Charlotte et de Mathurine
ajoute une note dérisoire qui rend l'amertume plus
grinçante.*

Le personnage de Dom Juan

Le premier visage de Dom Juan est celui du séducteur : il tient aux libertins de la génération de Théophile de Viau, mais annonce aussi l'esprit des Liaisons dangereuses. *Qui voudrait utiliser le langage de la théologie morale du xviie siècle reconnaîtrait en son goût de conquête la* libido sentiendi *et la* libido dominandi.*

Un autre aspect est l'esprit fort. Il s'exprime par des silences plus que par des professions de foi. Dom Juan ne croit qu'à l'arithmétique. On a dit de Molière même que son credo *n'était pas chargé de beaucoup d'articles de foi. Il en va de même pour son héros. Le miracle, même fait pour lui sur mesure, ne le convertit pas. Son athéisme a des formes prudentes, mais il est définitivement assuré.*

Le spectateur, qui aurait gardé quelque secrète indulgence pour un athée aux négations feutrées, est scandalisé lorsque se révèle enfin un troisième visage : celui de l'hypocrite. Il faut observer qu'à chacun de ces visages un acte est spécialement consacré : la profession de foi du séducteur se fait au premier acte (sc. II) ; celle du libertin au troisième (sc. I) ; celle de l'hypocrite au cinquième (sc. II). Une progression que, faute d'autre mot, nous appellerions idéologique est ainsi ménagée : le libertinage sentimental amène au libertinage intellectuel, qui se couronne par l'hypocrisie. Dans cette progression réside, selon nous, l'unité profonde de la pièce. Nul doute que Molière n'ait voulu ménager un crescendo, *rendre son personnage de plus en plus détestable, et faire de l'hypocrisie le comble de tous ses vices. Cela est de Molière seul, et point de ses sources.*

Molière n'a pas fait son personnage tout noir : il lui reconnaît la « générosité de sa caste » ; Dom Juan intervient en faveur d'un gentilhomme attaqué par des brigands. C'est méritoire ; c'est peu en face d'un lourd passif.

L'hypocrite s'annonce dès le premier acte. Il est inévitable que le séducteur se tire d'affaire par le mensonge. La galanterie le prédispose à l'hypocrisie. Pour se débarrasser de l'amante encombrante, Dom Juan emploie le langage de la spiritualité : il la quitte par « un pur motif de conscience » ; « il lui est venu des scrupules » : il ne veut plus vivre dans « un adultère déguisé ». Cette scène est la contrepartie de celle par laquelle Tartuffe voulait séduire Elmire. L'accommodante casuistique fournit les arguments de la séduction comme ceux de la répudiation.

L'hypocrisie prend la forme du laxisme à l'acte III. À Dom Carlos qu'il vient de défendre généreusement, Dom Juan assure : « Je suis si attaché à Dom Juan qu'il ne saurait se battre que je ne me batte aussi. » Ce jeu sur les mots est une des méthodes du laxisme, l'équivoque.

L'acte de l'hypocrisie est le cinquième. Dom Juan fait « profession » d'hypocrisie. Le mot est celui des entrées en religion. Il est entré dans une Église infernale dont Satan est le chef, dans une anti-Église. « L'hypocrisie, dit-il, est un vice à la mode, et tous les vices à la mode passent pour des vertus. » Soyons hypocrites : *ce vice privilégié vous fait entrer dans une « cabale », profiter de son appui. On a même pour soi les dévots de bonne foi ; on peut être impunément méchant sous le manteau de la religion, ameuter contre ses ennemis personnels toute la cabale.*

Cette rigueur dans l'analyse, cette lucidité, cette violence ont le ton des placets pour Le Tartuffe. La pièce de Dom Juan *(1665) est à bien des égards un placet pour* Le Tartuffe *alors interdit. La bataille se poursuit ; il ne s'agit plus d'un « pauvre honteux », qui parasite une famille bourgeoise, mais d'un très grand seigneur.*

Quand on sait à quel point le théâtre de Molière est ancré dans la réalité, on se demande si Dom Juan a eu un modèle. Un nom vient à l'esprit, celui du prince de Conti. La phrase sur les gens qui ont « rhabillé les désordres de leur jeunesse » engage à songer à lui. Jeunesse très peu édifiante, on a parlé d'inceste avec sa sœur, Mme de Longueville. Parmi ses amantes, la femme d'un conseiller au parlement de Bordeaux, que Conti avait fait mettre au couvent, après avoir demandé pardon au mari de façon assez ostentatoire. Il avait « dépouillé le vieil homme », s'était converti. Il avait rompu avec les mondanités, écrit un Traité de la comédie *qui condamne sans exception ce divertissement profane et attaque directement* Dom Juan *et* L'École des femmes. Il a fait sommation à Molière, dont il avait été l'hôte et le protecteur en Languedoc, de ne plus donner à sa troupe le titre de Troupe du prince de Conti. Sa conversion paraît avoir été très sincère ; mais Molière le croyait-il sincère ? Il le *voyait reprendre une importance politique, puisque, dans l'ordre de succession au trône, il avait une bonne place. Il était aussi le personnage le plus titré de la Compagnie du Saint-Sacrement-de-l'Autel.*

Même si Dom Juan superpose les portraits individuels de divers hypocrites de haute noblesse, nous croyons que Conti avait fourni la plus large quote-part à ce portrait synthétique.

Le rôle de Sganarelle

Sganarelle sert son maître depuis plusieurs années et il attend sa « récompense » ; il n'a pas été payé de ses services, pas plus que M. Dimanche de ses fournitures. Comme Arsinoé du Misanthrope, *Dom Juan bat ses gens plus volontiers qu'il ne les paie. La pièce se termine sur ce cri : « Mes gages, mes gages ! » Sganarelle est retenu auprès de son maître par le désir bien légitime de recevoir son dû.*

Il est retenu aussi par la peur : « Un grand seigneur méchant homme est une terrible chose ; il faut que je lui sois fidèle en dépit que j'en aie : la crainte en moi fait l'office du zèle... » N'oublions pas que Dom Juan a un spadassin à son service, et que lorsqu'il propose à Sganarelle de le faire tenir à quatre et de le rouer de coups de nerf de bœuf, ce n'est pas une menace en l'air. Il lui faudrait pour quitter son maître, dont il a été malgré lui le complice, un héroïsme qui lui manque. Est-ce impardonnable ? C'est à coup sûr humain.

Au contraire de celui de Dom Juan, son credo *est chargé des articles nécessaires, voire d'un ou deux de trop ; il croit à Dieu, au Diable, mais aussi au Moine-Bourru et au loup-garou. Cette superstition est-elle un péché ? dans la pensée des simples certainement pas ; dans celle des théologiens du XVIIe siècle, il ne semble pas non plus : tout au plus un aspect moins approuvable de la foi du charbonnier, qui est hautement louable.*

Son apologétique, puisqu'il s'y exerce, propose des preuves parfaitement orthodoxes de l'existence de Dieu : le monde postule un créateur ; la constitution admirable de l'homme aussi postule un créateur. Il développe ses arguments dans son langage, qui est fruste. Cette forme rugueuse doit-elle les déconsidérer ? Elle peut aussi bien les valoriser dans l'esprit d'une partie du public, qui aime la simplicité et pour qui l'argument des causes finales n'est pas périmé.

Sa morale est simple. Il faut respecter le sacrement de mariage, ne pas se jouer d'un « mystère sacré », ne pas « se jouer du Ciel », ne pas se moquer des choses les plus saintes. Il fait à Dom Juan les remontrances que lui permet sa condition ; et cela ne va pas sans risques. Il met en garde autant qu'il peut les naïves Mathurine et Charlotte contre son maître : « Demeurez dans votre village » (II, IV).

Il n'est pas un héros certes ; mais sa fonction auprès de Dom Juan n'est pas celle d'un directeur de conscience qui puisse et qui doive tonner contre le pécheur. Il y a pourtant une occasion où Sganarelle tonne contre le pécheur et lui promet la damnation ;

en réponse à la profession d'hypocrisie que vient de faire Dom Juan : les phrases se succèdent, enchaînées par des associations de mots. Dans ce désordre, quelques propositions édifiantes s'affirment, dessinant les linéaments d'une pensée confuse : le libertinage est une mode chez les courtisans ; mais la mort... ; mais l'imprudence des jeunes gens... ; mais l'avidité des gens âgés... ; mais la misère, corruptrice des pauvres... ; et l'inconduite qui nie la loi morale et amène à la damnation. Pensée confuse, désordonnée : en vérité, la forme est celle de la « fatrasie[1] » du Moyen Âge. La « fatrasie » n'est sans doute pas le mode d'expression le plus approprié à un discours édifiant. L'émotion explique peut-être que Sganarelle radote ; mais une forme pareille risque de discréditer des pensées graves : ces propos bien intentionnés laissent une gêne.

C'est-à-dire que reste intact le problème que pose le rôle de Sganarelle ; intact jusqu'à l'extrême fin de la pièce. Après même la disparition de Dom Juan dans les flammes infernales, qui doit inspirer horreur et terreur, le cri « Mes gages, mes gages ! » ramène à la farce.

Un Dom Juan auquel l'hypocrisie enlève la sympathie à quoi il pouvait prétendre, s'il se fût hardiment révolté ; un Sganarelle pourvu de cette foi si enviable qu'est celle du charbonnier ; un dénouement qui punit

---

1. La *fatrasie* est un poème de caractère incohérent ou absurde, formé de dictons, de proverbes mis bout à bout et contenant des allusions satiriques.

*par une mauvaise mort une mauvaise vie et qui envoie
aux enfers le pécheur impénitent vainement sommé de
se repentir et qui a refusé la grâce ; voilà une pièce
plus qu'irréprochable, édifiante.*

Le sens de la pièce

*Ne l'est-elle pas trop ? Ici, nous voudrions nous
référer à une idée qui aidera à formuler une hypo-
thèse. Jean Tritheim (1462-1516) appartient à une
catégorie de penseurs qui, sans doute, ont marqué les
esprits du* XVIIe *siècle encore plus profondément qu'on
ne le pense communément : il est de ces philosophes
hermétiques, passionnés de toutes les sciences, épris
de liberté, non ligotés par les dogmes, obligés de
cacher leur philosophie profonde sous des dehors
conformistes, et à qui malheur arriva, à certains la
mort même et horrible, lorsqu'ils furent convaincus de
penser mal. Pour ménager à la fois les exigences de la
vie et les droits de la conscience, ils sont amenés à
jouer double jeu. Je ne sais si chez Pomponazzi, Cre-
monini, Giordano Bruno, Vanini ou Campanella* [1]*, on
rencontrerait une formule aussi éclairante que celle
qui se trouve dans la très mystérieuse* Polygraphie et
universelle écriture cabalistique *de Jean Tritheim ; il
passera, dit-il, sous silence « plusieurs et infinis
auteurs, grands personnages, tant grecs que latins,*

---

1. Tous furent, au XVIe siècle, accusés de magie et condamnés par
l'Inquisition.

gents de non moindre doctrine que réputation, les-
quels, travaillant à la description de comédies, tragé-
dies, fables, histoires ou autres écrits, par subtile et
prudente invention, sous mesme narration d'écriture et
parole, baillaient en un mesme sujet aux doctes et
savants, toute autre et différente intelligence qu'aux
ignares et indoctes ».

Si l'on veut de la même pensée une traduction plus
moderne, il n'est qu'à s'adresser à L'Œuvre au noir
de Marguerite Yourcenar. Son Zénon est comme la
synthèse de ces philosophes. Il a lui aussi observé qu'il
était bien malaisé à la fois de cacher et de ne pas laisser transparaître sa pensée profonde. « On finit, dit-
il, par tirer vanité d'un sous-entendu qui change tout,
comme un signe négatif discrètement placé devant une
somme ; on s'ingénie à faire çà et là d'un mot plus
hardi l'équivalent d'un clin d'œil, du soulèvement de
la feuille de vigne ou de la chute d'un masque aussitôt
renoué comme si de rien n'était. Un tri s'opère de la
sorte parmi nos lecteurs ; les sots nous croient ;
d'autres sots, nous croyant plus sots qu'eux, nous quit-
tent ; ceux qui restent se débrouillent dans ce laby-
rinthe, apprennent à sauter ou à contourner l'obstacle
du mensonge. Je serais bien surpris si on ne retrouvait
pas jusque dans les textes les plus saints les mêmes
subterfuges. Lu ainsi, tout livre devient grimoire. »
— À quoi le capitaine répond : « Vous vous exagérez
l'hypocrisie des hommes ; la plupart pensent trop peu
pour penser double. »

Nous croirions très volontiers que se trouvent dans
Dom Juan *quelques-uns de ces « signes qui changent*

tout », qui font de la pièce un grimoire. Molière pensait assez pour penser double.

L'article de trop dans le credo de Sganarelle, la croyance au Moine-Bourru et au loup-garou pourrait bien être un de ces « clins d'œil » : qui croit au diable et à l'enfer peut bien croire au Moine-Bourru ; une créance n'est pas plus sotte que l'autre ; et alors croire au diable, au Moine-Bourru, au loup-garou, au Ciel, tout cela se vaut ; dans la foi ou la crédulité. Foi ou superstition, où s'établit la frontière ?

La démonstration de Dieu par les causes finales (III, I) n'est convaincante que pour qui veut bien être convaincu. Elle peut, si l'on veut, établir l'existence d'un dieu personnel ; elle n'établit point nécessairement que ce dieu soit celui des chrétiens. Elle vaudrait encore si on pensait que l'univers est régi non point par un dieu personnel, mais par une âme du monde, comme le croyaient les philosophes padouans. Au reste, la démonstration finit mal. « Je veux frapper des mains, hausser le bras, lever les yeux au ciel, baisser la tête, remuer les pieds, aller à droit, à gauche, en avant, en arrière, tourner », dit Sganarelle. Sur quoi « il se laisse tomber en tournant » et Dom Juan peut conclure : « Bon ! Voilà ton raisonnement qui a le nez cassé. » Et cette chute n'est pas sans jeter quelque impression burlesque, qui discrédite le raisonnement, le montre simpliste et tourne le tout vers la farce. L'effort apologétique a fini de façon dérisoire.

Autre signe, à l'acte V, la scène II qui montre Sganarelle s'indignant. Dom Juan a fait profession d'hypocrisie avec le plus paisible des cynismes, et Sganarelle

s'essaie à la menace : « *Il faut que je décharge mon
cœur.* » Il décharge son cœur en effet, prédit à son
maître qu'il sera damné ! Prédiction désordonnée ;
pensée courte. Démonstration qui ne vaut guère devant
la tranquille assurance du libertin qui, une fois encore,
raille, avec flegme : « *Ô le beau raisonnement !* »

Une idée, certes encore obscure, se fait jour : Dieu
n'est point démontrable par la raison ; il est accessible
aux simples, comme Sganarelle ; peut-être en ont-ils
besoin, mais des esprits d'un ordre supérieur, comme
Dom Juan, s'accommodent parfaitement d'un monde
vide de Dieu.

D'autre part, les dévots, eux, constituent une société
crédule, perméable à l'hypocrisie, condamnée pour
manque de lucidité et pour ne pas même comprendre
le prix de la lucidité. Le sentiment religieux pourrait
bien ainsi n'être pas autre chose que le résultat de la
crédulité, et le respect de conventions sociales. Superstition pour les uns, terrain propice à l'hypocrisie pour
d'autres, voilà la religion.

Dans ces conditions, Dom Juan a bien des justifica-
tions, ou au moins des excuses. Il prend le monde
comme il est, le méprise comme il mérite de l'être, et
l'utilise. Les hommes sont sots et crédules ; soit ;
accommodons-nous de cette sottise pour en tirer le
meilleur parti et vivre quiètement. L'élégant cynisme
de Dom Juan devient ainsi suprême sagesse. Il est
hypocrite, certes ; mais la société qui l'autorise à
l'être, qui l'engage à l'être, est bien responsable au
moins pour moitié de cette hypocrisie.

Allons plus loin : « *Je crois que deux et deux sont*

quatre, Sganarelle, et que quatre et quatre sont huit. »
Sganarelle s'indigne : « La belle croyance que voilà !
Votre religion, à ce que je vois, est donc l'arithmé-
tique ? » On est en droit de ne pas partager l'indigna-
tion de Sganarelle, et de juger qu'une explication
arithmétique du monde a de quoi séduire les esprits
bien faits ; elle en a déjà séduit : l'explication épicu-
rienne du monde par les combinaisons d'atomes n'est
pas sans entretenir des rapports étroits avec l'« arithmétique ». Et lorsque Descartes, après avoir précau-
tionneusement excepté du doute les choses de la foi et
de la société, organise le monde en tourbillons, son
explication mécaniste touche de bien près à l'« arithmétique ».

  Nous croirions donc volontiers, pour notre compte,
que Dom Juan est un « grimoire » susceptible d'une
double lecture : l'une édifiante et l'autre ésotérique,
qui l'est moins.
  Mais alors, il faudrait taxer Molière d'hypocrisie ?
Cette hypocrisie ne serait jamais qu'une contre-hypo-
crisie, dont porte la responsabilité une société qui ne
permet pas l'expression ouverte d'idées non conformes
au système de pensée en vigueur. Molière ne fait pas
autre chose que ce qu'ont fait avant lui bien des penseurs qui s'étaient donné comme règle de vie : Intus ut
libet, foris ut moris est *(« À l'intérieur, pense comme
il te plaira ; au-dehors, comme il est coutume de penser »).* Qui pourrait le leur reprocher ; qui pourrait le
lui reprocher ? et qui trouverait étrange une dualité
dont tant de bons esprits s'étaient accommodés ?

Dom Juan *laisse une impression ambiguë ; ce n'est pas une pièce facile, ni transparente. On en sort avec au moins l'impression que les choses ne sont pas simples.* Dom Juan *ne laisse pas le spectateur avec la sensation du confort intellectuel. Cette gêne même n'est pas sans corroborer l'idée que la pièce demande une double lecture, qu'elle s'adresse simultanément à un bon public simple, et à un public avisé qui sait lui donner bien des prolongements, qui ne se laisse pas prendre à une apologétique sommaire, refuse de se tenir au ras du catéchisme et peut trouver à l'impiété du libertin des circonstances atténuantes.*

La comparaison des textes (1682 cartonné et non cartonné ; 1683), les éliminations pratiquées, imposent aussi des conclusions. Le texte est devenu assez bénin. Mais il était de l'auteur du Tartuffe, *très surveillé par les bien-pensants ; il sentait le fagot. Restait aussi l'essentiel du contenu de la pièce : un libertin qui a enlevé une religieuse cloîtrée, qui parle à son père avec la plus froide insolence, qui ne croit ni à Dieu ni au Diable, ni aux saints, qui résiste aux miracles les plus éclatants, qui repousse la Grâce et meurt dans l'impénitence finale. Personnage d'autant plus dangereux qu'il pèche avec désinvolture, parfois avec élégance. Redoutable exemple.*

Même amputée avec une sourcilleuse prudence des passages susceptibles de prolongements inquiétants, la pièce gardait de quoi troubler.

GEORGES COUTON.

Dom Juan

ou
Le Festin de Pierre

COMÉDIE

*Représentée pour la première fois
le quinzième février 1665,
sur le Théâtre de la Salle du Palais-Royal,
par la Troupe de Monsieur,
Frère Unique du Roi.*

PERSONNAGES [1]

DOM JUAN, *fils de Dom Louis.*
SGANARELLE, *valet de Dom Juan.*
ELVIRE, *femme de Dom Juan.*
GUSMAN, *écuyer d'Elvire*
DOM CARLOS,
DOM ALONSE, } *frères d'Elvire.*
DOM LOUIS, *père de Dom Juan.*
FRANCISQUE, *pauvre.*
CHARLOTTE,
MATHURINE, } *paysannes.*
PIERROT, *paysan.*
LA STATUE *du Commandeur.*
LA VIOLETTE,
RAGOTIN, } *laquais de Dom Juan.*
M. DIMANCHE, *marchand.*
LA RAMÉE, *spadassin.*
SUITE DE *Dom Juan.*
SUITE DE *Dom Carlos et de Dom Alonse, frères.*
UN SPECTRE.

La scène est en Sicile.

1. Voir la note sur le titre, les costumes et les décors de la pièce, p. 167.

ACTE PREMIER

SCÈNE PREMIÈRE

SGANARELLE, GUSMAN

SGANARELLE, *tenant une tabatière*

Quoi que puisse dire Aristote et toute la Philosophie, il n'est rien d'égal au tabac : c'est la passion des honnêtes gens, et qui vit sans tabac n'est pas digne de vivre. Non seulement il réjouit et purge les cerveaux humains [1], mais encore il instruit les âmes à la vertu, et

1. Au milieu du XVIIᵉ siècle, l'opinion à l'égard du tabac est partagée : remède, « paradis artificiel » dangereux, ou manie sans conséquence. Les médecins le tiennent pour un remède à utiliser avec discernement. En tant que remède, l'ordonnance de 1635 interdit à d'autres qu'aux apothicaires de le vendre. Il se fume dans des « cabarets de tabac » dont les tenanciers ont fait « un bourdel prostitué à toute sorte de dissolution ». Le tabac à priser est l'objet de moins d'hostilité. Les amateurs les plus exigeants ont une carotte de tabac dans leur poche et ils le râpent à mesure. Ainsi faisait peut-être Sganarelle dès la création de la pièce ; ainsi faisait en tout cas Sganarelle à la fin du XVIIIᵉ siècle. Le texte de Molière semble être le premier, ou l'un des premiers, à constater la mode du tabac à priser. Il avait ainsi un petit parfum de paradoxe. — Le médecin Ferrant, auteur du *Traité de l'essence et guérison de l'amour ou de*

l'on apprend avec lui à devenir honnête homme. Ne voyez-vous pas bien, dès qu'on en prend, de quelle manière obligeante on en use avec tout le monde, et comme on est ravi d'en donner à droit et à gauche, partout où l'on se trouve ? On n'attend pas même qu'on en demande, et l'on court au-devant du souhait des gens : tant il est vrai que le tabac inspire des sentiments d'honneur et de vertu à tous ceux qui en prennent. Mais c'est assez de cette matière. Reprenons un peu notre discours. Si bien donc, cher Gusman, que Done Elvire, ta maîtresse, surprise de notre départ, s'est mise en campagne après nous, et son cœur, que mon maître a su toucher trop fortement, n'a pu vivre, dis-tu, sans le venir chercher ici. Veux-tu qu'entre nous je te dise ma pensée ? J'ai peur qu'elle ne soit mal payée de son amour, que son voyage en cette ville produise peu de fruit, et que vous eussiez autant gagné à ne bouger de là.

GUSMAN

Et la raison encore ? Dis-moi, je te prie, Sganarelle, qui peut t'inspirer une peur d'un si mauvais augure ? Ton maître t'a-t-il ouvert son cœur là-dessus, et t'a-t-il dit qu'il eût pour nous quelque froideur qui l'ait obligé à partir ?

SGANARELLE

Non pas ; mais, à vue de pays [1], je connais à peu près

---

la maladie érotique, pense que c'est la meilleure des « purges céphaliques » (1655).

1. « On dit à *vue de pays* pour dire à tout hasard, sans prendre de mesure » (Furetière, *Dictionnaire universel*, 1690).

le train des choses ; et sans qu'il m'ait encore rien dit, je gagerais presque que l'affaire va là. Je pourrais peut-être me tromper ; mais enfin, sur de tels sujets, l'expérience m'a pu donner quelques lumières.

GUSMAN

Quoi ? ce départ si peu prévu serait une infidélité de Dom Juan ? Il pourrait faire cette injure aux chastes feux de Done Elvire ?

SGANARELLE

Non, c'est qu'il est jeune encore, et qu'il n'a pas le courage...

GUSMAN

Un homme de sa qualité [1] ferait une action si lâche ?

SGANARELLE

Eh oui, sa qualité ! La raison en est belle, et c'est par là qu'il s'empêcherait des choses [2].

GUSMAN

Mais les saints nœuds du mariage le tiennent engagé.

---

1. « Quand on dit absolument un *homme de qualité*, c'est un homme qui tient un des premiers rangs dans l'État, soit par sa noblesse, ou par ses emplois ou par ses dignités » (Furetière). Dom Juan est d'une très grande famille.
2. Il s'abstiendrait.

SGANARELLE

Eh ! mon pauvre Gusman, mon ami, tu ne sais pas encore, crois-moi, quel homme est Dom Juan.

GUSMAN

Je ne sais pas, de vrai, quel homme il peut être, s'il faut qu'il nous ait fait cette perfidie ; et je ne comprends point comme après tant d'amour et tant d'impatience témoignée, tant d'hommages pressants, de vœux, de soupirs et de larmes, tant de lettres passionnées, de protestations ardentes et de serments réitérés, tant de transports enfin et tant d'emportements qu'il a fait paraître, jusques à forcer, dans sa passion, l'obstacle sacré d'un couvent[1], pour mettre Done Elvire en sa puissance, je ne comprends pas, dis-je, comme, après tout cela, il aurait le cœur de pouvoir manquer à sa parole.

SGANARELLE

Je n'ai pas grande peine à le comprendre, moi ; et si tu connaissais le pèlerin[2], tu trouverais la chose assez facile pour lui. Je ne dis pas qu'il ait changé de sentiments pour Done Elvire, je n'en ai point de certitude encore : tu sais que, par son ordre, je partis avant lui, et depuis son arrivée il ne m'a point entretenu ; mais, par précaution, je t'apprends, *inter nos*, que tu vois en

1. Elvire étant religieuse, Dom Juan a commis un « adultère spirituel ».
2. « On dit ironiquement : voilà un étrange *pèlerin*, pour dire un rusé, un matois » (Furetière).

Dom Juan, mon maître, le plus grand scélérat que la terre ait jamais porté, un enragé, un chien, un Diable, un Turc, un Hérétique, qui ne croit ni Ciel, ni saint, ni Dieu, ni loup-garou[1], qui passe cette vie en véritable bête brute, en pourceau d'Épicure[2], en vrai Sardanapale[3], qui ferme l'oreille à toutes les remontrances chrétiennes qu'on lui peut faire, et traite de billevesées[4] tout ce que nous croyons. Tu me dis qu'il a épousé ta maîtresse : crois qu'il aurait plus fait pour contenter sa passion, et qu'avec elle il aurait encore épousé toi, son chien et son chat. Un mariage ne lui coûte rien à contracter ; il ne se sert point d'autres pièges pour attraper les belles, et c'est un épouseur à toutes mains[5].

1. « *Loup-garou* est dans l'esprit du peuple un esprit dangereux et malin qui court les champs ou les rues la nuit... » (Furetière). En 1665, les procès de sorcellerie intentés contre des sorciers qui se changent en loups par suite d'un pacte avec le diable se sont faits beaucoup plus rares. Sganarelle est le représentant d'une crédulité assez dépassée ; mais précisément mettre en toute simplicité dans le même *credo* Dieu et le loup-garou compromet Dieu, d'où la suppression dans les éditions de 1682 et 1683.
2. Les pourfendeurs du libertinage ont beaucoup tonné contre Épicure, ainsi le P. Garasse, *Doctrine curieuse*, 1623. Sganarelle n'a peut-être pas lu Garasse, mais il a dû entendre des prédications contre l'athéisme. À moins qu'il n'ait lu Horace qui s'applique à lui-même l'expression.
3. « Vers le temps de la naissance de Rome, arriva, par la mollesse de Sardanapale, la chute du premier empire des Assyriens [...] prince efféminé [...] il se vit contraint de se brûler lui-même avec ses femmes, ses eunuques et ses richesses » (Bossuet, *Discours sur l'Histoire universelle*, 1681).
4. *Billevesées* : paroles dénuées de sens, balivernes, sornettes.
5. « Prendre *à toutes mains*, c'est prendre de toutes les manières » (Richelet, *Dictionnaire français*, 1680). L'expression toute faite est rajeunie et rendue comique par l'idée de mariage.

Dame, damoiselle, bourgeoise, paysanne, il ne trouve
rien de trop chaud ni de trop froid pour lui[1] ; et si je te
disais le nom de toutes celles qu'il a épousées en
divers lieux, ce serait un chapitre à durer jusques au
soir. Tu demeures surpris et changes de couleur à ce
discours ; ce n'est là qu'une ébauche du personnage, et
pour en achever le portrait, il faudrait bien d'autres
coups de pinceau. Suffit qu'il faut que le courroux du
Ciel l'accable quelque jour ; qu'il me vaudrait bien
mieux d'être au diable que d'être à lui, et qu'il me fait
voir tant d'horreurs, que je souhaiterais qu'il fût déjà
je ne sais où. Mais un grand seigneur méchant homme
est une terrible chose ; il faut que je lui sois fidèle, en
dépit que j'en aie[2] : la crainte en moi fait l'office du
zèle, bride mes sentiments, et me réduit d'applaudir
bien souvent à ce que mon âme déteste. Le voilà qui
vient se promener dans ce palais : séparons-nous ;
écoute, au moins je te fais cette confidence avec fran-
chise, et cela m'est sorti un peu bien vite de la bouche ;
mais s'il fallait qu'il en vînt quelque chose à ses
oreilles, je dirais hautement que tu aurais menti.

1. Toutes les femmes sont à son goût.
2. En dépit des griefs que j'ai contre lui.

SCÈNE II

DOM JUAN, SGANARELLE

DOM JUAN

Quel homme te parlait là ? Il a bien de l'air, ce me semble, du bon Gusman de Done Elvire.

SGANARELLE

C'est quelque chose aussi à peu près de cela.

DOM JUAN

Quoi ? c'est lui ?

SGANARELLE

Lui-même.

DOM JUAN

Et depuis quand est-il en cette ville ?

SGANARELLE

D'hier au soir.

DOM JUAN

Et quel sujet l'amène ?

SGANARELLE

Je crois que vous jugez assez ce qui le peut inquiéter.

DOM JUAN

Notre départ sans doute ?

SGANARELLE

Le bonhomme en est tout mortifié, et m'en deman-
dait le sujet.

DOM JUAN

Et quelle réponse as-tu faite ?

SGANARELLE

Que vous ne m'en aviez rien dit.

DOM JUAN

Mais encore, quelle est ta pensée là-dessus ? Que
t'imagines-tu de cette affaire ?

SGANARELLE

Moi, je crois, sans vous faire tort, que vous avez
quelque nouvel amour en tête.

DOM JUAN

Tu le crois ?

SGANARELLE

Oui.

DOM JUAN

Ma foi ! tu ne te trompes pas, et je dois t'avouer
qu'un autre objet a chassé Elvire de ma pensée.

SGANARELLE

Eh ! mon Dieu ! je sais mon Dom Juan sur le bout
du doigt, et connais votre cœur pour le plus grand cou-
reur du monde : il se plaît à se promener de liens en
liens, et n'aime guère à demeurer en place.

DOM JUAN

Et ne trouves-tu pas, dis-moi, que j'ai raison d'en
user de la sorte ?

SGANARELLE

Eh ! Monsieur.

DOM JUAN

Quoi ? Parle.

SGANARELLE

Assurément que vous avez raison, si vous le voulez ;
on ne peut pas aller là contre. Mais si vous ne le vouliez pas, ce serait peut-être une autre affaire.

DOM JUAN

Eh bien ! je te donne la liberté de parler et de me
dire tes sentiments.

SGANARELLE

En ce cas, Monsieur, je vous dirai franchement que
je n'approuve point votre méthode, et que je trouve
fort vilain d'aimer de tous côtés comme vous faites.

DOM JUAN

Quoi ? tu veux qu'on se lie à demeurer au premier objet qui nous prend, qu'on renonce au monde pour lui, et qu'on n'ait plus d'yeux pour personne ? La belle chose de vouloir se piquer d'un faux honneur d'être fidèle, de s'ensevelir pour toujours dans une passion, et d'être mort dès sa jeunesse à toutes les autres beautés qui nous peuvent frapper les yeux ! Non, non : la constance n'est bonne que pour des ridicules ; toutes les belles ont droit de nous charmer, et l'avantage d'être rencontrée la première ne doit point dérober aux autres les justes prétentions qu'elles ont toutes sur nos cœurs. Pour moi, la beauté me ravit partout où je la trouve, et je cède facilement à cette douce violence dont elle nous entraîne. J'ai beau être engagé, l'amour que j'ai pour une belle n'engage point mon âme à faire injustice aux autres ; je conserve des yeux pour voir le mérite de toutes, et rends à chacune les hommages et les tributs où la nature nous oblige. Quoi qu'il en soit, je ne puis refuser mon cœur à tout ce que je vois d'aimable ; et dès qu'un beau visage me le demande, si j'en avais dix mille, je les donnerais tous. Les inclinations naissantes, après tout, ont des charmes inexplicables, et tout le plaisir de l'amour est dans le changement. On goûte une douceur extrême à réduire [1], par cent hommages, le cœur d'une jeune beauté, à voir de jour en jour les petits progrès qu'on y fait, à combattre par des transports, par des larmes et des soupirs, l'in-

---

1. « *Réduire* : dompter, vaincre, subjuguer » (Furetière).

nocente pudeur d'une âme qui a peine à rendre les armes, à forcer pied à pied toutes les petites résistances qu'elle nous oppose, à vaincre les scrupules dont elle se fait un honneur et la mener doucement où nous avons envie de la faire venir. Mais lorsqu'on en est maître une fois, il n'y a plus rien à dire ni rien à souhaiter ; tout le beau de la passion est fini, et nous nous endormons dans la tranquillité d'un tel amour, si quelque objet nouveau ne vient réveiller nos désirs, et présenter à notre cœur les charmes attrayants d'une conquête à faire. Enfin, il n'est rien de si doux que de triompher de la résistance d'une belle personne, et j'ai sur ce sujet l'ambition des conquérants, qui volent perpétuellement de victoire en victoire, et ne peuvent se résoudre à borner leurs souhaits. Il n'est rien qui puisse arrêter l'impétuosité de mes désirs : je me sens un cœur à aimer toute la terre ; et comme Alexandre[1], je souhaiterais qu'il y eût d'autres mondes, pour y pouvoir étendre mes conquêtes amoureuses.

SGANARELLE

Vertu de ma vie, comme vous débitez[2] ! Il semble que vous avez appris cela par cœur, et vous parlez tout comme un livre.

---

1. « Une seule terre ne suffit pas à Alexandre ; le malheureux étouffe dans l'étroite limite d'un monde » (Juvénal, *Satire X*, v. 168-169).
2. « Un homme *débite* bien, il dit bien ce qu'il dit, il récite agréablement ; il a un grand nombre de contes et d'histoires » (Furetière).

DOM JUAN

Qu'as-tu à dire là-dessus ?

SGANARELLE

Ma foi, j'ai à dire..., je ne sais ; car vous tournez les choses d'une manière, qu'il semble que vous avez raison ; et cependant il est vrai que vous ne l'avez pas. J'avais les plus belles pensées du monde, et vos discours m'ont brouillé tout cela. Laissez faire : une autre fois je mettrai mes raisonnements par écrit, pour disputer avec vous.

DOM JUAN

Tu feras bien.

SGANARELLE

Mais, Monsieur, cela serait-il de la permission que vous m'avez donnée, si je vous disais que je suis tant soit peu scandalisé de la vie que vous menez ?

DOM JUAN

Comment ? quelle vie est-ce que je mène ?

SGANARELLE

Fort bonne. Mais, par exemple, de vous voir tous les mois vous marier comme vous faites...

DOM JUAN

Y a-t-il rien de plus agréable ?

SGANARELLE

Il est vrai, je conçois que cela est fort agréable et fort divertissant, et je m'en accommoderais assez, moi, s'il n'y avait point de mal, mais, Monsieur, se jouer ainsi d'un mystère sacré [1], et...

DOM JUAN

Va, va, c'est une affaire entre le Ciel et moi, et nous la démêlerons bien ensemble, sans que tu t'en mettes en peine.

SGANARELLE

Ma foi ! Monsieur, j'ai toujours ouï dire que c'est une méchante raillerie que de se railler du Ciel, et que les libertins ne font jamais une bonne fin.

DOM JUAN

Holà ! maître sot, vous savez que je vous ai dit que je n'aime pas les faiseurs de remontrances.

SGANARELLE

Je ne parle pas aussi à vous, Dieu m'en garde. Vous savez ce que vous faites, vous ; et si vous ne croyez rien, vous avez vos raisons ; mais il y a de certains petits impertinents dans le monde, qui sont libertins

---

1. Les bienséances interdisant de nommer Dieu, l'Église, les sacrements, dans une œuvre aussi profane qu'une pièce de théâtre ou un roman, Dieu devient le Ciel ; l'Église, le temple ; les sacrements, les mystères. « *Mystère* se dit aussi des *sacrements*, des cérémonies de l'Église » (Furetière).

sans savoir pourquoi, qui font les esprits forts, parce qu'ils croient que cela leur sied bien ; et si j'avais un maître comme cela, je lui dirais fort nettement, le regardant en face : « Osez-vous bien ainsi vous jouer au Ciel, et ne tremblez-vous point de vous moquer comme vous faites des choses les plus saintes ? C'est bien à vous, petit ver de terre, petit mirmidon[1] que vous êtes (je parle au maître que j'ai dit), c'est bien à vous à vouloir vous mêler de tourner en raillerie ce que tous les hommes révèrent ? Pensez-vous que pour être de qualité, pour avoir une perruque blonde et bien frisée, des plumes à votre chapeau, un habit bien doré, et des rubans couleur de feu (ce n'est pas à vous que je parle, c'est à l'autre), pensez-vous, dis-je, que vous en soyez plus habile homme, que tout vous soit permis, et qu'on n'ose vous dire vos vérités ? Apprenez de moi, qui suis votre valet, que le Ciel punit tôt ou tard les impies, qu'une méchante vie amène une méchante mort, et que... »

DOM JUAN

Paix !

SGANARELLE

De quoi est-il question ?

---

1. « *Myrmidons* : peuples de Thessalie que les Fables des Païens ont dit être nés des fourmis, sur la prière que le roi Iacus en fit à Jupiter après que son royaume fut dépeuplé par la peste. Ce mot est venu en usage dans notre langue pour désigner un homme fort petit ou qui n'est capable d'aucune résistance » (Furetière).

DOM JUAN

Il est question de te dire qu'une beauté me tient au cœur, et qu'entraîné par ses appas, je l'ai suivie jusques en cette ville.

SGANARELLE

Et n'y craignez-vous rien, Monsieur, de la mort de ce commandeur [1] que vous tuâtes il y a six mois ?

DOM JUAN

Et pourquoi craindre ? Ne l'ai-je pas bien tué [2] ?

SGANARELLE

Fort bien, le mieux du monde, et il aurait tort de se plaindre.

DOM JUAN

J'ai eu ma grâce de cette affaire.

---

1. Les ordres militaires de chevalerie, Malte, Saint-Lazare, Calatrava, Alcantara... disposent de biens ecclésiastiques, de commanderies, qu'ils attribuent à certains de leurs chevaliers, lesquels portent le titre de commandeur. Chez Tirso de Molina, auteur de la première apparition de Don Juan au théâtre (voir la note sur le titre, p. 167), le commandeur était chevalier de Calatrava.
2. Sganarelle entend ironiquement : *tué*, de façon qu'il meure. Dom Juan entend : *tué* selon les lois du duel ; son expression aussi est railleuse mais peut-être, tout au fond de sa pensée, y a-t-il l'idée de : *tué* sans commettre le péché d'homicide ; c'est-à-dire que la formule comporte une de ces « équivoques » dont le laxisme avait fait un de ses procédés. Le Dom Juan hypocrite pointe déjà.

SGANARELLE

Oui, mais cette grâce n'éteint pas peut-être le ressentiment des parents et des amis, et...

DOM JUAN

Ah ! n'allons point songer au mal qui nous peut arriver, et songeons seulement à ce qui nous peut donner du plaisir. La personne dont je te parle est une jeune fiancée, la plus agréable du monde, qui a été conduite ici par celui même qu'elle y vient épouser ; et le hasard me fit voir ce couple d'amants trois ou quatre jours avant leur voyage. Jamais je n'ai vu deux personnes être si contents l'un de l'autre, et faire éclater plus d'amour. La tendresse visible de leurs mutuelles ardeurs me donna de l'émotion ; j'en fus frappé au cœur et mon amour commença par la jalousie. Oui, je ne pus souffrir d'abord de les voir si bien ensemble ; le dépit alarma[1] mes désirs, et je me figurai un plaisir extrême à pouvoir troubler leur intelligence, et rompre cet attachement, dont la délicatesse de mon cœur se tenait offensée ; mais jusques ici tous mes efforts ont été inutiles, et j'ai recours au dernier remède. Cet époux prétendu[2] doit aujourd'hui régaler sa maîtresse d'une promenade sur mer. Sans t'en avoir rien dit, toutes choses sont préparées pour satisfaire mon amour, et j'ai une petite barque et des gens, avec quoi fort facilement je prétends enlever la belle.

1. *Alarmer* : donner le signal de prendre les armes.
2. Ce futur époux.

SGANARELLE

Ha ! Monsieur...

DOM JUAN

Hen ?

SGANARELLE

C'est fort bien à vous, et vous le prenez comme il faut. Il n'est rien tel en ce monde que de se contenter.

DOM JUAN

Prépare-toi donc à venir avec moi, et prends soin toi-même d'apporter toutes mes armes, afin que... Ah ! rencontre fâcheuse. Traître, tu ne m'avais pas dit qu'elle était ici elle-même.

SGANARELLE

Monsieur, vous ne me l'avez pas demandé.

DOM JUAN

Est-elle folle, de n'avoir pas changé d'habit, et de venir en ce lieu-ci avec son équipage de campagne[1] ?

---

1. Rappelons que le premier acte se passe dans un palais. Un costume de voyage ou un habit qu'on porte aux champs y fait dissonance.

SCÈNE III

DONE ELVIRE, DOM JUAN, SGANARELLE

DONE ELVIRE

Me ferez-vous la grâce, Dom Juan, de vouloir bien me reconnaître ? et puis-je au moins espérer que vous daigniez tourner le visage de ce côté ?

DOM JUAN

Madame, je vous avoue que je suis surpris, et que je ne vous attendais pas ici.

DONE ELVIRE

Oui, je vois bien que vous ne m'y attendiez pas ; et vous êtes surpris, à la vérité, mais tout autrement que je ne l'espérais ; et la manière dont vous le paraissez me persuade pleinement ce que je refusais de croire. J'admire ma simplicité et la faiblesse de mon cœur à douter d'une trahison que tant d'apparences me confirmaient. J'ai été assez bonne, je le confesse, ou plutôt assez sotte pour me vouloir tromper moi-même, et travailler à démentir mes yeux et mon jugement. J'ai cherché des raisons pour excuser à ma tendresse [1] le relâchement d'amitié qu'elle voyait en vous ; et je me suis forgé exprès cent sujets légitimes d'un départ si précipité, pour vous justifier du crime dont ma raison

---

1. Auprès de ma tendresse. *Tendresse* est le terme le plus fort par lequel puisse se traduire l'amour-passion.

vous accusait. Mes justes soupçons chaque jour avaient
beau me parler : j'en rejetais la voix qui vous rendait
criminel à mes yeux, et j'écoutais avec plaisir mille
chimères ridicules qui vous peignaient innocent à mon
cœur. Mais enfin cet abord ne me permet plus de douter, et le coup d'œil qui m'a reçue m'apprend bien plus
de choses que je ne voudrais en savoir. Je serai bien
aise pourtant d'ouïr de votre bouche les raisons de
votre départ. Parlez, Dom Juan, je vous prie, et voyons
de quel air vous saurez vous justifier !

DOM JUAN

Madame, voilà Sganarelle qui sait pourquoi je suis
parti.

SGANARELLE

Moi, Monsieur ? Je n'en sais rien, s'il vous plaît.

DONE ELVIRE

Hé bien ! Sganarelle, parlez. Il n'importe de quelle
bouche j'entende ces raisons.

DOM JUAN, *faisant signe d'approcher
à Sganarelle*

Allons, parle donc à Madame.

SGANARELLE

Que voulez-vous que je dise ?

DONE ELVIRE

Approchez, puisqu'on le veut ainsi, et me dites un
peu les causes d'un départ si prompt.

DOM JUAN

Tu ne répondras pas ?

SGANARELLE

Je n'ai rien à répondre. Vous vous moquez de votre serviteur.

DOM JUAN

Veux-tu répondre, te dis-je ?

SGANARELLE

Madame...

DONE ELVIRE

Quoi ?

SGANARELLE, *se retournant vers son maître*

Monsieur...

DOM JUAN

Si...

SGANARELLE

Madame, les conquérants, Alexandre et les autres mondes sont causes de notre départ. Voilà, Monsieur, tout ce que je puis dire.

DONE ELVIRE

Vous plaît-il, Dom Juan, nous éclaircir ces beaux mystères ?

DOM JUAN

Madame, à vous dire la vérité...

DONE ELVIRE

Ah ! que vous savez mal vous défendre pour un homme de cour, et qui doit être accoutumé à ces sortes de choses ! J'ai pitié de vous voir la confusion que vous avez. Que ne vous armez-vous le front d'une noble effronterie ? Que ne me jurez-vous que vous êtes toujours dans les mêmes sentiments pour moi, que vous m'aimez toujours avec une ardeur sans égale, et que rien n'est capable de vous détacher de moi que la mort ? Que ne me dites-vous que des affaires de la dernière conséquence vous ont obligé à partir sans m'en donner avis ; qu'il faut que, malgré vous, vous demeuriez ici quelque temps, et que je n'ai qu'à m'en retourner d'où je viens, assurée que vous suivrez mes pas le plus tôt qu'il vous sera possible ; qu'il est certain que vous brûlez de me rejoindre, et qu'éloigné de moi, vous souffrez ce que souffre un corps qui est séparé de son âme ? Voilà comme il faut vous défendre, et non pas être interdit comme vous êtes.

DOM JUAN

Je vous avoue, Madame, que je n'ai point le talent de dissimuler, et que je porte un cœur sincère. Je ne vous dirai point que je suis toujours dans les mêmes sentiments pour vous, et que je brûle de vous rejoindre, puisque enfin il est assuré que je ne suis parti que pour vous fuir ; non point par les raisons que vous pouvez vous figurer, mais par un pur motif de conscience [1], et pour ne croire pas [2] qu'avec vous davantage je puisse vivre sans péché. Il m'est venu des scrupules [3], Madame, et j'ai ouvert les yeux de l'âme sur ce que je faisais. J'ai fait réflexion que, pour vous épouser, je vous ai dérobée à la clôture [4] d'un couvent, que vous avez rompu des vœux qui vous engageaient autre part, et que le Ciel est fort jaloux de ces sortes de choses. Le repentir m'a pris, et j'ai craint le courroux céleste ; j'ai cru que notre mariage n'était qu'un adultère déguisé, qu'il nous attirerait quelque disgrâce d'en haut, et qu'enfin je devais tâcher de vous oublier, et vous donner moyen de retourner à vos premières chaînes. Voudriez-vous, Madame, vous opposer à une si sainte pensée, et que j'allasse, en vous retenant, me mettre le Ciel sur les bras, que par... ?

DONE ELVIRE

Ah ! scélérat, c'est maintenant que je te connais tout entier ; et pour mon malheur, je te connais lorsqu'il n'en est plus temps, et qu'une telle connaissance ne peut plus me servir qu'à me désespérer. Mais sache que ton crime ne demeurera pas impuni, et que le même Ciel dont tu te joues me saura venger de ta perfidie.

1. *Le Tartuffe*, v. 1585.
2. Parce que je ne crois pas...
3. « Inquiétudes d'esprit, doute [...] se dit particulièrement en matière de conscience. Le dévot fait scrupule de tout » (Furetière).
4. Elvire était professe et dans un ordre cloîtré. Dom Juan et Elvire n'ont donc pas commis seulement le péché de luxure, mais aussi un sacrilège.

DOM JUAN

Sganarelle, le Ciel !

SGANARELLE

Vraiment oui, nous nous moquons bien de cela, nous autres.

DOM JUAN

Madame...

DONE ELVIRE

Il suffit. Je n'en veux pas ouïr davantage, et je m'accuse même d'en avoir trop entendu. C'est une lâcheté que de se faire expliquer trop sa honte ; et, sur de tels sujets, un noble cœur, au premier mot, doit prendre son parti. N'attends pas que j'éclate ici en reproches et en injures : non, non, je n'ai point un courroux à exhaler en paroles vaines, et toute sa chaleur se réserve pour sa vengeance. Je te le dis encore, le Ciel te punira, perfide, de l'outrage que tu me fais ; et si le Ciel n'a rien que tu puisses appréhender, appréhende du moins la colère d'une femme offensée.

SGANARELLE

Si le remords le pouvait prendre !

DOM JUAN, *après une petite réflexion*

Allons songer à l'exécution de notre entreprise amoureuse.

SGANARELLE

Ah ! quel abominable maître me vois-je obligé de servir !

ACTE II

SCÈNE PREMIÈRE

CHARLOTTE, PIERROT

CHARLOTTE

Nostre-dinse [1], Piarrot, tu t'es trouvé là bien à point.

PIERROT

Parquienne, il ne s'en est pas falu l'époisseur d'une éplinque, qu'ils ne se sayant nayez tous deux [2].

CHARLOTTE

C'est donc le coup de vent da matin qui les avoit ranvarsez dans la mar.

---

1. *Nostre-dinse* (Notre-Dame), *parquienne* (par Dieu), *palsanquienne* (parsembleu, par le sang de Dieu), *morquenne* (mort de Dieu), etc., sont autant de jurons adoucis de la langue populaire. Ce « jargon » imite le patois des environs de Paris.
2. Il s'en est fallu d'un cheveu qu'ils ne se noient.

PIERROT

Aga guien[1], Charlotte, je m'en vas te conter tout fin drait comme cela est venu : car, comme dit l'autre, je les ay le premier avisez, avisez le premier je les ay. Enfin donc, j'estions sur le bord de la mar, moy et le gros Lucas, et je nous amusions à batifoler avec des mottes de tarre que je nous jesquions à la teste : car comme tu sçais bian, le gros Lucas aime à batifoler, et moy par fouas je batifole itou. En batifolant donc, pisque batifoler y a, j'ay apparceu de tout loin queuque chose qui groüilloit dans gliau, et qui venoit comme envars nou par secousse. Je voyois cela fixiblement, et pis tout d'un coup je voyois que je ne voyois plus rien. Eh, Lucas, çay-je fait, je pense que ula des hommes qui nageant là-bas. Voire, ce ma til fait, t'as esté au trépassement d'un chat[2], t'as la veuë trouble. Pal san-quienne, çay je fait, je n'ay point la veuë trouble, ce sont des hommes. Point du tout, ce ma til fait, t'as la barluë[3]. Veux tu gager, çay je fait, que je nay point la barluë, çay je fait, et que sont deux hommes, çay je fait, qui nageant droit icy, çay je fait. Morquenne, ce ma til fait, je gage que non. Ô çà, cay je fait, veux tu gager dix sols que si ? Je le veux bian, ce ma til fait,

1. Regarde, tiens.
2. *Être allé au trépassement d'un chat* : voir trouble. On a rapproché l'expression d'une expression catalane inspirée d'un rite de carnaval : « aller à l'enterrement de l'ivrogne » (*del gato*), c'est-à-dire boire un coup de trop.
3. « *Berlue* : éblouissement de la vue par une trop grande lumière, qui fait voir longtemps après les objets d'une autre couleur qu'ils ne sont » (Furetière).

et pour te montrer, ula argent su jeu, ce ma til fait. Moy, je n'ay point esté ny fou, ny estourdy, j'ay bravement bouté à tarre quatre pièces tapées[1], et cinq sols en doubles[2], jergniguenne aussi hardiment que si j'avois avalé un varre de vin : car je ses hazardeux moy, et je vas à la debandade[3]. Je sçavois bian ce que je faisois pourtant, queuque gniais ! Enfin donc, je n'avons pas putost eü gagé que j'avon veu les deux hommes tout à plain qui nous faisiant signe de les aller querir, et moy de tirer auparavant les enjeux. Allons, Lucas, çay je dit, tu vois bian qu'ils nous appellont : allons viste à leu secours. Non, ce ma til dit, ils mont fait pardre. Ô donc tanquia, qua la par fin pour le faire court, je l'ay tant sarmonné, que je nous sommes boutez dans une barque, et pis j'avons tant fait cahin, caha, que je les avons tirez de gliau, et pis je les avons menez cheux nous auprés du feu, et pis ils se sant dépoüillez tous nuds pour se secher, et pis il y en est venu encor deux de la mesme bande qui sequiant sauvez tout seuls, et pis Maturine est arrivée là à qui l'en a fait les doux yeux. Vla justement, Charlotte, comme tout ça s'est fait.

---

1. *Bouter* : mettre. « *Pièces tapées* : des sols marqués d'une fleur de lys au milieu, ce qui augmentait leur valeur du parisis » (Furetière). Les quatre pièces valent chacune un quart de plus ; donc 5 sols à elles quatre.
2. Les cinq sols qui complètent le pari sont comptés en une monnaie de très mince valeur, le double, qui vaut 2 deniers, c'est-à-dire le 1/6 du sol. Pour arriver à parier 10 sols, Pierrot a donc dû aligner 34 pièces de monnaie. Il y a un effet comique et réaliste dans ce calcul.
3. Car je me fie au hasard et j'agis sans réfléchir.

CHARLOTTE

Ne m'as-tu pas dit, Piarrot, qu'il y en a un qu'est bien pû mieux fait que les autres ?

PIERROT

Oüy, c'est le Maître, il faut que ce soit queuque gros gros Monsieur, car il a du dor à son habit tout de pis le haut jusqu'en bas, et ceux qui le servont sont des Monsieux eux-mesme, et stapandant, tout gros Monsieur qu'il est, il seroit par ma fique[1] nayé si je n'aviomme esté là.

CHARLOTTE

Ardez un peu.

PIERROT

Ô Parquenne, sans nous, il en avoit pour sa maine[2] de féves.

CHARLOTTE

Est-il encore cheux toy tout nu, Piarrot ?

PIERROT

Nannain, ils l'avont r'habillé tout devant nous. Mon quieu, je n'en avois jamais veu s'habiller, que d'his-

---

1. Par ma foi.
2. *Maine* semble selon cette prononciation paysanne transcrire *mine* : une mesure pour les grains, le charbon, la chaux. « On dit aussi populairement, il en a pour sa *mine de fèves*, quand on parle de celui qui a souffert quelque perte ou dommage » (Furetière).

toires et d'angigorniaux [1] boutont ces Messieus-là les Courtisans, je me pardrois là dedans pour moy, et j'estois tout ebobi de voir ça. Quien, Charlotte, ils avont des cheveux qui ne tenont point à leu teste, et ils boutont ça aprés tout comme un gros bonnet de filace. Ils ant des chemises qui ant des manches où j'entrerions tout brandis [2] toy et moy. En glieu d'haut de chausse, ils portont un garderobe [3] aussi large que d'icy à Pasque, en glieu de pourpoint, de petites brassieres, qui ne leu venont pas usqu'au brichet [4], et en glieu de rabas un grand mouchoir de cou à reziau [5] aveuc quatre grosses houpes de linge qui leu pendont sur l'estomaque. Ils avont itou d'autres petits rabats au bout des bras, et de grands entonnois de passement [6] aux jambes, et parmy tout ça tant de rubans, tant de rubans, que c'est une vraye piquié. Ignia pas jusqu'aux souliers [7] qui n'en soient farcis tout de pis un bout jusqu'à

1. *Angigorniaux* semble fabriqué sur *engin* ; il est déjà avec le même sens d'objets compliqués dans *Le Pédant joué* de Cyrano de Bergerac (1654).

2. « On dit proverbialement enlever quelqu'un *tout brandi* pour dire à vive force, l'enlever tout d'un coup » (Furetière).

3. Leur haut-de-chausses est si ample qu'il ressemble à un tablier. « *Garde-robe* : tablier de toile » (Furetière).

4. Le pourpoint est très court, comme une brassière (une chemisette de femme) qui ne descend que jusqu'au sternum.

5. Pierrot est habitué à voir des bourgeois, curés, notaires, ou paysans endimanchés, habillés à la mode du temps de Louis XIII avec rabat en toile unie. Dom Juan et sa suite portent un grand collet de dentelles, avec encore des houppes.

6. « *Passements* : dentelle, ouvrage qu'on fait avec des fuseaux » (Furetière). Ces entonnoirs sont les ornements amples qui s'attachent au bas de la culotte, les « canons ».

7. Les souliers étaient aussi garnis de rubans et avaient de très hauts talons.

l'autre, et ils sont faits d'eune façon que je me rom-
prois le cou aveuc.

CHARLOTTE

Par ma fy, Piarrot, il faut que j'aille voir un peu ça.

PIERROT

Ô acoute un peu auparavant, Charlotte, j'ay queuque
autre chose à te dire, moy.

CHARLOTTE

Et bian, dy, qu'est-ce que c'est ?

PIERROT

Vois-tu, Charlotte, il faut, comme dit l'autre, que je
débonde mon cœur[1]. Je taime, tu le sçais bian, et je
somme pour estre mariez ensemble, mais marquenne,
je ne suis point satisfait de toy.

CHARLOTTE

Quement ? qu'est-ce que c'est donc qu'iglia ?

PIERROT

Iglia que tu me chagraignes l'esprit franchement.

CHARLOTTE

Et quement donc ?

---

1. *Débonder son cœur* : vider son cœur, donner libre cours à des
sentiments longtemps retenus.

PIERROT

Testiguienne, tu ne maimes point.

CHARLOTTE

Ah, ah, n'est-ce que ça ?

PIERROT

Oüy, ce n'est que ça, et c'est bian assez.

CHARLOTTE

Mon quieu, Piarrot, tu me viens toujou dire la mesme chose.

PIERROT

Je te dis toujou la mesme chose, parce que c'est toujou la mesme chose, et si ce n'estoit pas toujou la mesme chose, je ne te dirois pas toujou la mesme chose.

CHARLOTTE

Mais, qu'est-ce qu'il te faut ? que veux-tu ?

PIERROT

Jerniquenne, je veux que tu m'aimes.

CHARLOTTE

Est-ce que je ne taime pas ?

PIERROT

Non, tu ne maimes pas, et si je fais tout ce que je pis

pour ça. Je tachete sans reproche, des rubans à tous les Marciers qui passont[1], je me romps le cou à taller denicher des marles, je fais joüer pour toy les Vielleux[2] quand ce vient ta feste, et tout ça comme si je me frapois la teste contre un mur. Vois-tu, ça n'est ny biau ny honneste de naimer pas les gens qui nous aimont.

CHARLOTTE

Mais, mon guieu, je taime aussi.

PIERROT

Oüy, tu maimes dune belle deguaine[3].

CHARLOTTE

Quement veux tu donc qu'on fasse ?

PIERROT

Je veux que l'en fasse comme l'en fait quand l'en aime comme il faut.

CHARLOTTE

Ne taimay-je pas aussi comme il faut ?

PIERROT

Non, quand ça est, ça se void, et l'en fait mille petites singeries aux personnes quand on les aime du

1. « Il y a aussi de menus *merciers qui colportent* et qui étalent de petites marchandises dans les marchés et les foires » (Furetière).
2. *Vielleux* : joueurs de vielle, l'un des ancêtres du violon.
3. « *Dégaine* : vieux mot qui n'est en usage que dans cette phrase proverbiale : il s'y prend d'une belle *dégaine*, pour dire de mauvaise grâce, d'une vilaine manière » (Furetière).

bon du cœur. Regarde la grosse Thomasse[1] comme
elle est assotée[2] du jeune Robain, alle est toujou autour
de ly à lagacer, et ne le laisse jamais en repos. Toujou
al ly fait queuque niche[3] ou ly baille quelque taloche
en passant, et l'autre jour qu'il estoit assis sur un esca-
biau, al fut le tirer de dessous ly, et le fit choir tout de
son long par tarre. Jarny vla où len voit les gens qui
aimont, mais toy, tu ne me dis jamais mot, t'es toujou
là comme eune vraye souche de bois, et je passerois
vingt fois devant toy que tu ne te groüillerois pas pour
me bailler le moindre coup, ou me dire la moindre
chose. Ventrequenne, ça n'est pas bian, aprés tout, et
t'es trop froide pour les gens.

CHARLOTTE

Que veux-tu que j'y fasse ? c'est mon himeur, et je
ne me pis refondre.

PIERROT

Ignia himeur qui quienne, quand en a de l'amiquié
pour les personnes, lan en baille toujou queuque petite
signifiance[4].

CHARLOTTE

Enfin, je t'aime tout autant que je pis, et si tu n'es
pas content de ça, tu n'as qu'à en aimer queuquautre.

---

1. La *grosse Thomasse* est sans doute la fille de Thomas : cette
appellation est paysanne.
2. *Être assoté* : être rendu sot par une passion.
3. *Niche* : espièglerie, facétie, tour.
4. On lui donne toujours une petite marque d'affection.

PIERROT

Eh bien, vla pas mon conte ? Testigué, si tu m'ai-
mois, me dirois-tu ça ?

CHARLOTTE

Pourquoy me viens-tu aussi tarabuster l'esprit ?

PIERROT

Morqué, queu mal te fais-je ? je ne te demande
qu'un peu d'amiquié.

CHARLOTTE

Et bian, laisse faire aussi, et ne me presse point tant,
peut-estre que ça viendra tout d'un coup sans y songer.

PIERROT

Touche donc là [1], Charlotte.

CHARLOTTE

Et bien, quien.

PIERROT

Promets-moy donc que tu tâcheras de maimer
davantage.

CHARLOTTE

J'y feray tout ce que je pourray, mais il faut que ça
vienne de luy-mesme. Piarrot, est-ce là ce Monsieur ?

1. Au XVIIe siècle, la poignée de main ne s'emploie pas pour une
simple politesse, mais pour sceller un accord d'amitié, de fiançailles
ou d'affaires.

PIERROT

Oüy, le ula.

CHARLOTTE

Ah, mon quieu, qu'il est genty, et que ç'auroit esté dommage qu'il eust été nayé.

PIERROT

Je revians tout à l'heure, je m'en vas boire chopaine, pour me rebouter tant soit peu de la fatigue, que j'ays eüe.

SCÈNE II

DOM JUAN, SGANARELLE, CHARLOTTE

DOM JUAN

Nous avons manqué notre coup, Sganarelle, et cette bourrasque imprévue a renversé avec notre barque le projet que nous avions fait ; mais, à te dire vrai, la paysanne que je viens de quitter répare ce malheur, et je lui ai trouvé des charmes qui effacent de mon esprit tout le chagrin que me donnait le mauvais succès de notre entreprise. Il ne faut pas que ce cœur m'échappe, et j'y ai déjà jeté des dispositions à ne pas me souffrir longtemps de pousser des soupirs.

SGANARELLE

Monsieur, j'avoue que vous m'étonnez. À peine sommes-nous échappés d'un péril de mort qu'au lieu de rendre grâce au Ciel de la pitié qu'il a daigné prendre de nous, vous travaillez tout de nouveau à attirer sa colère par vos fantaisies accoutumées et vos amours cr...[1]. Paix ! coquin que vous êtes ; vous ne savez ce que vous dites, et Monsieur sait ce qu'il fait. Allons.

DOM JUAN, *apercevant Charlotte*

Ah ! ah ! d'où sort cette autre paysanne, Sganarelle ? As-tu rien vu de plus joli ? et ne trouves-tu pas, dis-moi, que celle-ci vaut bien l'autre ?

SGANARELLE

Assurément. Autre pièce nouvelle.

DOM JUAN

D'où me vient, la belle, une rencontre si agréable ? Quoi ? dans ces lieux champêtres, parmi ces arbres et ces rochers, on trouve des personnes faites comme vous êtes ?

CHARLOTTE

Vous voyez, Monsieur.

1. Vos amours criminelles.

DOM JUAN

Êtes-vous de ce village ?

CHARLOTTE

Oui, Monsieur.

DOM JUAN

Et vous y demeurez ?

CHARLOTTE

Oui, Monsieur.

DOM JUAN

Vous vous appelez ?

CHARLOTTE

Charlotte, pour vous servir.

DOM JUAN

Ah ! la belle personne, et que ses yeux sont pénétrants !

CHARLOTTE

Monsieur, vous me rendez toute honteuse.

DOM JUAN

Ah ! n'ayez point de honte d'entendre dire vos vérités. Sganarelle, qu'en dis-tu ? Peut-on rien voir de plus agréable ? Tournez-vous un peu, s'il vous plaît. Ah ! que cette taille est jolie ! Haussez un peu la tête, de grâce. Ah ! que ce visage est mignon ! Ouvrez vos yeux entièrement. Ah ! qu'ils sont beaux ! Que je voie un peu vos dents, je vous prie. Ah ! qu'elles sont amoureuses, et ces lèvres appétissantes ! Pour moi, je suis ravi, et je n'ai jamais vu une si charmante personne.

CHARLOTTE

Monsieur, cela vous plaît à dire, et je ne sais pas si c'est pour vous railler de moi.

DOM JUAN

Moi, me railler de vous ? Dieu m'en garde ! Je vous aime trop pour cela, et c'est du fond du cœur que je vous parle.

CHARLOTTE

Je vous suis bien[1] obligée, si ça est.

DOM JUAN

Point du tout ; vous ne m'êtes point obligée de tout ce que je dis, et ce n'est qu'à votre beauté que vous en êtes redevable.

CHARLOTTE

Monsieur, tout ça est trop bien dit pour moi, et je n'ai pas d'esprit pour vous répondre.

---

1. Charlotte fait effort pour parler un français pur à Dom Juan ; elle lui dit *bien* et *avec*, alors qu'à Pierrot, elle dit *bian* et *aveuc*.

DOM JUAN

Sganarelle, regarde un peu ses mains.

CHARLOTTE

Fi ! Monsieur, elles sont noires comme je ne sais quoi.

DOM JUAN

Ha ! que dites-vous là ? Elles sont les plus belles du monde ; souffrez que je les baise, je vous prie.

CHARLOTTE

Monsieur, c'est trop d'honneur que vous me faites, et si j'avais su ça tantôt, je n'aurais pas manqué de les laver avec du son.

DOM JUAN

Et dites-moi un peu, belle Charlotte, vous n'êtes pas mariée sans doute ?

CHARLOTTE

Non, Monsieur ; mais je dois bientôt l'être avec Piarrot, le fils de la voisine Simonette.

DOM JUAN

Quoi ? une personne comme vous serait la femme d'un simple paysan ! Non, non : c'est profaner tant de beautés, et vous n'êtes pas née pour demeurer dans un village. Vous méritez sans doute une meilleure fortune, et le Ciel, qui le connaît bien, m'a conduit ici tout exprès pour empêcher ce mariage, et rendre justice à vos charmes ; car enfin, belle Charlotte, je vous aime de tout mon cœur, et il ne tiendra qu'à vous que je vous arrache de ce misérable lieu, et ne vous mette dans l'état où vous méritez d'être. Cet amour est bien prompt sans doute ; mais quoi ? c'est un effet, Charlotte, de votre grande beauté, et l'on vous aime autant en un quart d'heure qu'on ferait une autre en six mois.

CHARLOTTE

Aussi vrai, Monsieur, je ne sais comment faire quand vous parlez. Ce que vous dites me fait aise, et j'aurais toutes les envies du monde de vous croire ; mais on m'a toujou[1] dit qu'il ne faut jamais croire les monsieux, et que vous autres courtisans êtes des enjoleus, qui ne songez qu'à abuser les filles.

DOM JUAN

Je ne suis pas de ces gens-là.

SGANARELLE

Il n'a garde.

CHARLOTTE

Voyez-vous, Monsieur, il n'y a pas plaisir à se laisser abuser. Je suis une pauvre paysanne ; mais j'ai l'honneur en recommandation, et j'aimerais mieux me voir morte que de me voir déshonorée.

---

1. Il est étonnant que Charlotte se mette tout à coup à patoiser. Est-ce que Molière aurait eu un temps l'idée de donner un langage patois à sa Charlotte ? Est-ce l'émotion ?

DOM JUAN

Moi, j'aurais l'âme assez méchante pour abuser une personne comme vous ? Je serais assez lâche pour vous déshonorer ? Non, non : j'ai trop de conscience pour cela. Je vous aime, Charlotte, en tout bien et en tout honneur ; et pour vous montrer que je vous dis vrai, sachez que je n'ai point d'autre dessein que de vous épouser : en voulez-vous un plus grand témoignage ? M'y voilà prêt quand vous voudrez ; et je prends à témoin l'homme que voilà de la parole que je vous donne.

SGANARELLE

Non, non, ne craignez point : il se mariera avec vous tant que vous voudrez.

DOM JUAN

Ah ! Charlotte, je vois bien que vous ne me connaissez pas encore. Vous me faites grand tort de juger de moi par les autres ; et s'il y a des fourbes dans le monde, des gens qui ne cherchent qu'à abuser des filles, vous devez me tirer du nombre, et ne pas mettre en doute la sincérité de ma foi. Et puis votre beauté vous assure de tout. Quand on est faite comme vous, on doit être à couvert de toutes ces sortes de crainte ; vous n'avez point l'air, croyez-moi, d'une personne qu'on abuse ; et pour moi, je l'avoue, je me percerais le cœur de mille coups, si j'avais eu la moindre pensée de vous trahir.

CHARLOTTE

Mon Dieu ! je ne sais si vous dites vrai, ou non ; mais vous faites que l'on vous croit.

DOM JUAN

Lorsque vous me croirez, vous me rendrez justice assurément, et je vous réitère encore la promesse que je vous ai faite. Ne l'acceptez-vous pas, et ne voulez-vous pas consentir à être ma femme ?

CHARLOTTE

Oui, pourvu que ma tante le veuille.

DOM JUAN

Touchez donc là, Charlotte, puisque vous le voulez bien de votre part.

CHARLOTTE

Mais au moins, Monsieur, ne m'allez pas tromper, je vous prie : il y aurait de la conscience à vous[1], et vous voyez comme j'y vais à la bonne foi.

DOM JUAN

Comment ? Il semble que vous doutiez encore de ma sincérité ! Voulez-vous que je fasse des serments épouvantables ? Que le Ciel...

---

1. Ce serait pour vous un cas de conscience, un sujet de remords.

CHARLOTTE

Mon Dieu, ne jurez point, je vous crois.

DOM JUAN

Donnez-moi donc un petit baiser pour gage de votre parole.

CHARLOTTE

Oh ! Monsieur, attendez que je soyons mariés, je vous prie ; après ça, je vous baiserai tant que vous voudrez.

DOM JUAN

Eh bien ! belle Charlotte, je veux tout ce que vous voulez ; abandonnez-moi seulement votre main, et souffrez que, par mille baisers, je lui exprime le ravissement où je suis...

SCÈNE III

DOM JUAN, SGANARELLE, PIERROT, CHARLOTTE

PIERROT, *se mettant entre deux*
et poussant Dom Juan

Tout doucement, Monsieur, tenez-vous, s'il vous plaît. Vous vous échauffez trop, et vous pourriez gagner la purésie [1].

1. L'échauffement risque de provoquer la pleurésie : « On dit proverbialement d'un homme froid qui marche lentement qu'il ne gagnera pas la *pleurésie* » (Furetière).

DOM JUAN, *repoussant rudement Pierrot*

Qui m'amène cet impertinent ?

PIERROT

Je vous dis qu'ou[1] vous tegniez, et qu'ou ne caressiais point nos accordées[2].

DOM JUAN, *continue de le repousser*

Ah ! que de bruit !

PIERROT

Jerniquenne ! ce n'est pas comme ça qu'il faut pousser les gens.

CHARLOTTE, *prenant Pierrot par le bras*

Et laisse-le faire aussi, Piarrot.

PIERROT

Quement ? que je le laisse faire ? Je ne veux pas, moi.

DOM JUAN

Ah !

PIERROT

Testiguenne ! parce qu'ous estes Monsieu, ous viendrez caresser nos femmes à notre barbe ? Allez-v's-en caresser les vôtres.

1. *Ou = vous*. Je vous dis que vous vous teniez... *Vous* se présente sous les formes *vous, v's, ou', ous*.
2. *Accordée* : jeune femme promise à quelqu'un.

DOM JUAN

Heu ?

PIERROT

Heu. *(Dom Juan lui donne un soufflet.)* Testigué ! ne me frappez pas. *(Autre soufflet.)* Oh ! jernigué ! *(Autre soufflet.)* Ventrequé ! *(Autre soufflet.)* Palsanqué ! Morquenne ! ça n'est pas bian de battre les gens, et ce n'est pas là la récompense de v's avoir sauvé d'estre nayé.

CHARLOTTE

Piarrot, ne te fâche point.

PIERROT

Je me veux fâcher ; et t'es une vilaine, toi, d'endurer qu'on te cajole.

CHARLOTTE

Oh ! Piarrot, ce n'est pas ce que tu penses. Ce monsieur veut m'épouser, et tu ne dois pas te bouter en colère.

PIERROT

Quement ? Jerni ! Tu m'es promise.

CHARLOTTE

Ça n'y fait rien, Piarrot. Si tu m'aimes ne dois-tu pas estre bien aise que je devienne Madame ?

PIERROT

Jerniqué ! non. J'aime mieux te voir crevée que de te voir à un autre.

CHARLOTTE

Va, va, Piarrot, ne te mets point en peine : si je sis Madame, je te ferai gagner queuque chose, et tu apporteras du beurre et du fromage cheux nous.

PIERROT

Ventrequenne ! je gni en porterai jamais, quand tu m'en poyrais deux fois autant. Est-ce donc comme ça que t'écoutes ce qu'il te dit ? Morquenne ! si j'avais su ça tantost, je me serais bian gardé de le tirer de gliau, et je gli aurais baillé un bon coup d'aviron sur la teste.

DOM JUAN, *s'approchant de Pierrot*
pour le frapper

Qu'est-ce que vous dites ?

PIERROT, *s'éloignant derrière Charlotte*

Jerniquenne ! je ne crains personne.

DOM JUAN *passe du côté où est Pierrot.*

Attendez-moi un peu.

PIERROT *repasse de l'autre côté de Charlotte.*

Je me moque de tout, moi.

DOM JUAN *court après Pierrot.*

Voyons cela.

PIERROT *se sauve encore derrière Charlotte.*

J'en avons bien vu d'autres.

DOM JUAN

Houais !

SGANARELLE

Eh ! Monsieur, laissez là ce pauvre misérable. C'est conscience de le battre. Écoute, mon pauvre garçon, retire-toi, et ne lui dis rien.

PIERROT *passe devant Sganarelle,*
et dit fièrement à Dom Juan

Je veux lui dire, moi.

DOM JUAN *lève la main pour donner*
un soufflet à Pierrot, qui baisse la tête
et Sganarelle reçoit le soufflet.

Ah ! je vous apprendrai.

SGANARELLE, *regardant Pierrot*
qui s'est baissé pour éviter le soufflet

Peste soit du maroufle [1] !

---

1. *Maroufle* : grossier personnage, lourdaud.

DOM JUAN

Te voilà payé de ta charité.

PIERROT

Jarni ! je vas dire à sa tante tout ce ménage-ci.

DOM JUAN

Enfin je m'en vais être le plus heureux de tous les hommes, et je ne changerais pas mon bonheur à toutes les choses du monde. Que de plaisirs quand vous serez ma femme ! et que...

SCÈNE IV

DOM JUAN, SGANARELLE, CHARLOTTE, MATHURINE

SGANARELLE, *apercevant Mathurine*

Ah ! ah !

MATHURINE, *à Dom Juan*

Monsieur, que faites-vous donc là avec Charlotte ? Est-ce que vous lui parlez d'amour aussi ?

DOM JUAN, *à Mathurine*

Non, au contraire, c'est elle qui me témoignait une envie d'être ma femme, et je lui répondais que j'étais engagé à vous.

CHARLOTTE

Qu'est-ce que c'est donc que vous veut Mathurine ?

DOM JUAN, *bas, à Charlotte*

Elle est jalouse de me voir vous parler, et voudrait bien que je l'épousasse ; mais je lui dis que c'est vous que je veux.

MATHURINE

Quoi ? Charlotte...

DOM JUAN, *bas, à Mathurine*

Tout ce que vous lui direz sera inutile ; elle s'est mis cela dans la tête.

CHARLOTTE

Quement donc ! Mathurine...

DOM JUAN, *bas, à Charlotte*

C'est en vain que vous lui parlerez ; vous ne lui ôterez point cette fantaisie.

MATHURINE

Est-ce que... ?

DOM JUAN, *bas, à Mathurine*

Il n'y a pas moyen de lui faire entendre raison.

CHARLOTTE

Je voudrais...

DOM JUAN, *bas, à Charlotte*

Elle est obstinée comme tous les diables.

MATHURINE

Vramant...

DOM JUAN, *bas, à Mathurine*

Ne lui dites rien, c'est une folle.

CHARLOTTE

Je pense...

DOM JUAN, *bas, à Charlotte*

Laissez-la là, c'est une extravagante.

MATHURINE

Non, non : il faut que je lui parle.

CHARLOTTE

Je veux voir un peu ses raisons.

MATHURINE

Quoi ?...

DOM JUAN, *bas, à Mathurine*

Je gage qu'elle va vous dire que je lui ai promis de l'épouser.

CHARLOTTE

Je...

DOM JUAN, *bas, à Charlotte*

Gageons qu'elle vous soutiendra que je lui ai donné parole de la prendre pour femme.

MATHURINE

Hola ! Charlotte, ça n'est pas bien de courir sur le marché[1] des autres.

CHARLOTTE

Ça n'est pas honnête, Mathurine, d'être jalouse que Monsieur me parle.

MATHURINE

C'est moi que Monsieur a vue la première.

CHARLOTTE

S'il vous a vue la première, il m'a vue la seconde, et m'a promis de m'épouser.

DOM JUAN, *bas, à Mathurine*

Eh bien ! que vous ai-je dit ?

MATHURINE

Je vous baise les mains, c'est moi, et non pas vous, qu'il a promis d'épouser.

---

1. « Personne n'est venu sur mon marché, n'a *couru sur mon marché*, n'a enchéri sur moi » (Furetière).

DOM JUAN, *bas, à Charlotte*

N'ai-je pas deviné ?

CHARLOTTE

À d'autres, je vous prie ; c'est moi, vous dis-je.

MATHURINE

Vous vous moquez des gens ; c'est moi, encore un coup.

CHARLOTTE

Le vlà qui est pour le dire, si je n'ai pas raison.

MATHURINE

Le vlà qui est pour me démentir, si je ne dis pas vrai.

CHARLOTTE

Est-ce, Monsieur, que vous lui avez promis de l'épouser ?

DOM JUAN, *bas, à Charlotte*

Vous vous raillez de moi.

MATHURINE

Est-il vrai, Monsieur, que vous lui avez donné parole d'être son mari ?

DOM JUAN, *bas, à Mathurine*

Pouvez-vous avoir cette pensée ?

CHARLOTTE

Vous voyez qu'al le soutient.

DOM JUAN, *bas, à Charlotte*

Laissez-la faire.

MATHURINE

Vous êtes témoin comme al l'assure.

DOM JUAN, *bas, à Mathurine*

Laissez-la dire.

CHARLOTTE

Non, non : il faut savoir la vérité.

MATHURINE

Il est question de juger ça.

CHARLOTTE

Oui, Mathurine, je veux que Monsieur vous montre votre bec jaune[1].

MATHURINE

Oui, Charlotte, je veux que Monsieur vous rende un peu camuse[2].

---

1. « On lui a fait voir son *béjaune*, pour dire son ignorance et sa méprise » (Furetière).
2. *Camus* : penaud.

CHARLOTTE

Monsieur, vuidez la querelle[1], s'il vous plaît.

MATHURINE

Mettez-nous d'accord, Monsieur.

CHARLOTTE, *à Mathurine*

Vous allez voir.

MATHURINE, *à Charlotte*

Vous allez voir vous-même.

CHARLOTTE, *à Dom Juan*

Dites.

MATHURINE, *à Dom Juan*

Parlez.

DOM JUAN, *embarrassé,*
leur dit à toutes deux

Que voulez-vous que je dise ? Vous soutenez également toutes deux que je vous ai promis de vous prendre pour femmes. Est-ce que chacune de vous ne sait pas ce qui en est, sans qu'il soit nécessaire que je m'explique davantage ? Pourquoi m'obliger là-dessus à des redites ? Celle à qui j'ai promis effectivement n'a-t-elle pas en elle-même de quoi se moquer des discours de l'autre, et doit-elle se mettre en peine, pourvu

---

1. *Vider une querelle* : la terminer. Cette expression littéraire est toujours en usage.

que j'accomplisse ma promesse ? Tous les discours n'avancent point les choses ; il faut faire et non pas dire, et les effets décident mieux que les paroles. Aussi n'est-ce rien que par-là que je vous veux mettre d'accord, et l'on verra, quand je me marierai, laquelle des deux a mon cœur. *(Bas, à Mathurine :)* Laissez-lui croire ce qu'elle voudra. *(Bas, à Charlotte :)* Laissez-la se flatter dans son imagination. *(Bas, à Mathurine :)* Je vous adore. *(Bas, à Charlotte :)* Je suis tout à vous. *(Bas, à Mathurine :)* Tous les visages sont laids auprès du vôtre. *(Bas, à Charlotte :)* On ne peut plus souffrir les autres quand on vous a vue. J'ai un petit ordre à donner ; je viens vous retrouver dans un quart d'heure.

CHARLOTTE, *à Mathurine*

Je suis celle qu'il aime, au moins.

MATHURINE

C'est moi qu'il épousera.

SGANARELLE

Ah ! pauvres filles que vous êtes, j'ai pitié de votre innocence, et je ne puis souffrir de vous voir courir à votre malheur. Croyez-moi l'une et l'autre : ne vous amusez point à tous les contes qu'on vous fait, et demeurez dans votre village.

DOM JUAN, *revenant*

Je voudrais bien savoir pourquoi Sganarelle ne me suit pas.

SGANARELLE

Mon maître est un fourbe ; il n'a dessein que de vous abuser, et en a bien abusé d'autres ; c'est l'épouseur du genre humain, et... *(Il aperçoit Dom Juan.)* Cela est faux ; et quiconque vous dira cela, vous lui devez dire qu'il en a menti. Mon maître n'est point l'épouseur du genre humain, il n'est point fourbe, il n'a pas dessein de vous tromper, et n'en a point abusé d'autres. Ah ! tenez, le voilà ; demandez-le plutôt à lui-même.

DOM JUAN

Oui.

SGANARELLE

Monsieur, comme le monde est plein de médisants, je vais au-devant des choses ; et je leur disais que, si quelqu'un leur venait dire du mal de vous, elles se gardassent bien de le croire, et ne manquassent pas de lui dire qu'il en aurait menti.

DOM JUAN

Sganarelle.

SGANARELLE

Oui, Monsieur est homme d'honneur, je le garantis tel.

DOM JUAN

Hon !

SGANARELLE

Ce sont des impertinents.

SCÈNE V

DOM JUAN, LA RAMÉE, CHARLOTTE,
MATHURINE, SGANARELLE

LA RAMÉE

Monsieur, je viens vous avertir qu'il ne fait pas bon ici pour vous.

DOM JUAN

Comment ?

LA RAMÉE

Douze hommes à cheval vous cherchent, qui doivent arriver ici dans un moment ; je ne sais pas par quel moyen ils peuvent vous avoir suivi ; mais j'ai appris cette nouvelle d'un paysan qu'ils ont interrogé, et auquel ils vous ont dépeint. L'affaire presse, et le plus tôt que vous pourrez sortir d'ici sera le meilleur.

DOM JUAN, *à Charlotte et Mathurine*

Une affaire pressante m'oblige de partir d'ici ; mais je vous prie de vous ressouvenir de la parole que je vous ai donnée, et de croire que vous aurez de mes nouvelles avant qu'il soit demain au soir. Comme la partie n'est pas égale, il faut user de stratagème, et éluder adroitement le malheur qui me cherche. Je veux que Sganarelle se revête de mes habits, et moi...

SGANARELLE

Monsieur, vous vous moquez. M'exposer à être tué sous vos habits, et...

DOM JUAN

Allons vite, c'est trop d'honneur que je vous fais, et bien heureux est le valet qui peut avoir la gloire de mourir pour son maître.

SGANARELLE

Je vous remercie d'un tel honneur. Ô Ciel, puisqu'il s'agit de mort, fais-moi la grâce de n'être point pris pour un autre !

ACTE III

DOM JUAN, *en habit de campagne*,
SGANARELLE, *en médecin.*

SGANARELLE

Ma foi, Monsieur, avouez que j'ai eu raison, et que nous voilà l'un et l'autre déguisés à merveille. Votre premier dessein n'était point du tout à propos, et ceci nous cache bien mieux que tout ce que vous vouliez faire.

DOM JUAN

Il est vrai que te voilà bien, et je ne sais où tu as été déterrer cet attirail ridicule.

SGANARELLE

Oui ? C'est l'habit d'un vieux médecin, qui a été laissé en gage au lieu où je l'ai pris, et il m'en a coûté de l'argent pour l'avoir. Mais savez-vous, Monsieur, que cet habit me met déjà en considération, que je suis salué des gens que je rencontre, et que l'on me vient consulter ainsi qu'un habile homme ?

DOM JUAN

Comment donc ?

SGANARELLE

Cinq ou six paysans et paysannes, en me voyant passer, me sont venus demander mon avis sur différentes maladies.

DOM JUAN

Tu leur as répondu que tu n'y entendais rien ?

SGANARELLE

Moi ? Point du tout. J'ai voulu soutenir l'honneur de mon habit : j'ai raisonné sur le mal, et leur ai fait des ordonnances à chacun.

DOM JUAN

Et quels remèdes encore leur as-tu ordonnés ?

SGANARELLE

Ma foi ! Monsieur, j'en ai pris par où j'en ai pu attraper ; j'ai fait mes ordonnances à l'aventure, et ce serait une chose plaisante si les malades guérissaient, et qu'on m'en vînt remercier.

DOM JUAN

Et pourquoi non ? Par quelle raison n'aurais-tu pas

les mêmes privilèges qu'ont tous les autres médecins ? Ils n'ont pas plus de part que toi aux guérisons des malades, et tout leur art est pure grimace [1]. Ils ne font rien que recevoir la gloire des heureux succès, et tu peux profiter comme eux du bonheur du malade, et voir attribuer à tes remèdes tout ce qui peut venir des faveurs du hasard et des forces de la nature [2].

SGANARELLE

Comment, Monsieur, vous êtes aussi impie en médecine ?

DOM JUAN

C'est une des grandes erreurs qui soit parmi les hommes.

SGANARELLE

Quoi ? vous ne croyez pas au séné [3], ni à la casse [4], ni au vin émétique [5] ?

1. *Grimace* : dissimulation, imposture, mensonge.
2. L'idée est dans Montaigne, *Essais*, II, XXXVII : « ... ce que la fortune, ce que la nature, ou quelque autre cause étrangère (desquelles le nombre est infini) produit en nous de bon et de salutaire, c'est le privilège de la médecine de se l'attribuer. Tous les heureux succès qui arrivent au patient qui est sous son régime, c'est d'elle qu'il les tient. »
3. Le vrai séné vient d'Éthiopie (et non des Antilles) et sert aux purgations.
4. « *Casse* : fruit qui vient des Indes, fait en forme d'un long bâton noir, dont la moelle sert à purger et à rafraîchir » (Furetière).
5. « L'*émétique* est un remède qui purge avec violence par haut et par bas, fait de la poudre et du beurre d'antimoine préparé, dont on a séparé les sels corrosifs par plusieurs lotions. Le vin émétique s'est mis en réputation » (Furetière).

DOM JUAN

Et pourquoi veux-tu que j'y croie ?

SGANARELLE

Vous avez l'âme bien mécréante. Cependant vous voyez, depuis un temps, que le vin émétique fait bruire ses fuseaux[1]. Ses miracles ont converti les plus incrédules esprits[2], et il n'y a pas trois semaines que j'en ai vu, moi qui vous parle, un effet merveilleux.

DOM JUAN

Et quel ?

SGANARELLE

Il y avait un homme qui, depuis six jours, était à l'agonie ; on ne savait plus que lui ordonner, et tous les remèdes ne faisaient rien ; on s'avisa à la fin de lui donner de l'émétique.

DOM JUAN

Il réchappa, n'est-ce pas ?

1. « A du succès, fait du bruit. » On comprend l'allusion à des fileuses qui travaillent activement ; un fuseau qui tourne vite fait une manière de sifflement.
2. La bataille pour ou contre l'antimoine occupe les médecins depuis le XVIe siècle. Ce débat passionné se terminera en 1666 par une décision de la Faculté, entérinée par le Parlement, qui autorise les médecins reçus par elle à « se servir dudit vin émétique pour la cure des maladies » et à « en écrire et disputer ». Le médecin de Molière, Mauvillain, est grand partisan de l'antimoine. Au moment du *Dom Juan* (printemps 1665), le débat est encore violent et indécis.

SGANARELLE

Non, il mourut.

DOM JUAN

L'effet est admirable.

SGANARELLE

Comment ? il y avait six jours entiers qu'il ne pouvait mourir, et cela le fit mourir tout d'un coup. Voulez-vous rien de plus efficace ?

DOM JUAN

Tu as raison.

SGANARELLE

Mais laissons là la médecine, où vous ne croyez
point, et parlons des autres choses, car cet habit me
donne de l'esprit, et je me sens en humeur de disputer
contre vous : vous savez bien que vous me permettez
les disputes, et que vous ne me défendez que les
remontrances.

DOM JUAN

Eh bien ?

SGANARELLE

Je veux savoir un peu vos pensées à fond. Est-il possible que vous ne croyiez point du tout au Ciel ?

DOM JUAN

Laissons cela.

SGANARELLE

C'est-à-dire que non. Et à l'Enfer ?

DOM JUAN

Eh !

SGANARELLE

Tout de même [1]. Et au diable [2], s'il vous plaît ?

DOM JUAN

Oui, oui.

---

1. *Tout de même* : pareillement ; même incrédulité.
2. Croire au diable et à l'Enfer, tout comme à Dieu et au Paradis, est une obligation pour un chrétien. À l'interrogatoire de Théophile de Viau, accusé de libertinage, 27 mars 1624, il lui est demandé : « S'il n'a pas dit publiquement que c'était risée et sottise de croire qu'il y eût des diables et que ce qu'on en disait n'était que pour abuser le monde ? — *Réponse* : A dit que non et a toujours cru qu'il y avait un dieu et des diables et un paradis et un enfer. » Le diable bénéficie de la garantie du *Credo* : est athée qui ne croit pas au diable. Mais on observera que, pour faire avouer à Dom Juan son athéisme, Molière use d'une double précaution. D'abord, Dom Juan ne professe pas l'athéisme ; son athéisme s'infère du refus de répondre. Ensuite, le mot Dieu n'est pas prononcé. Ciel veut dire la même chose ? Certes, mais moins directement, moins brutalement. À l'inverse de ses prédécesseurs, chez Villiers (1659) et chez Dorimond (1658), le Dom Juan de Molière est athée prudent et pour ainsi dire honteux.

SGANARELLE

Aussi peu. Ne croyez-vous point l'autre vie ?

DOM JUAN

Ah ! ah ! ah !

SGANARELLE

Voilà un homme que j'aurai bien de la peine à convertir. Et dites-moi un peu, le Moine-Bourru [1], qu'en croyez-vous, eh !

DOM JUAN

La peste soit du fat !

SGANARELLE

Et voilà ce que je ne puis souffrir, car il n'y a rien de plus vrai que le Moine-Bourru, et je me ferais pendre pour celui-là. Mais encore faut-il croire quelque chose dans le monde : qu'est-ce donc que vous croyez ?

DOM JUAN

Ce que je crois ?

SGANARELLE

Oui.

---

1. « Le *moine-bourru* est un fantôme qu'on fait craindre au peuple, qui s'imagine que c'est une âme en peine » (Furetière).

DOM JUAN

Je crois que deux et deux sont quatre, Sganarelle, et que quatre et quatre sont huit[1].

SGANARELLE

La belle croyance et les beaux articles de foi que voici ! Votre religion, à ce que je vois, est donc l'arithmétique ? Il faut avouer qu'il se met d'étranges folies dans la tête des hommes, et que pour avoir bien étudié on en est bien moins sage le plus souvent. Pour moi, Monsieur, je n'ai point étudié comme vous, Dieu merci, et personne ne saurait se vanter de m'avoir jamais rien appris ; mais avec mon petit sens et mon petit jugement, je vois les choses mieux que tous les livres, et je comprends fort bien que ce monde que nous voyons n'est pas un champignon, qui soit venu tout seul en une nuit. Je voudrais bien vous demander qui a fait ces arbres-là, ces rochers, cette terre, et ce ciel que voilà là-haut, et si tout cela s'est bâti de lui-même. Vous voilà vous, par exemple, vous êtes là : est-ce que vous vous êtes fait tout seul, et n'a-t-il pas fallu que votre père ait engrossé votre mère pour vous faire ? Pouvez-vous voir toutes ces inventions dont la machine de l'homme est composée sans admirer de quelle façon cela est agencé l'un dans l'autre : ces nerfs, ces os, ces veines, ces artères, ces... ce poumon, ce cœur, ce foie, et tous ces autres ingrédients qui sont

1. Ce trait de libertinage est attribué à Maurice de Nassau (1567-1625), admiré pour ses qualités guerrières. Connu par Guez de Balzac et Tallemant des Réaux.

là, et qui [1]... Ah ! dame, interrompez-moi donc si vous voulez : je ne saurais disputer si l'on ne m'interrompt ; vous vous taisez exprès et me laissez parler par belle malice.

DOM JUAN

J'attends que ton raisonnement soit fini.

SGANARELLE

Mon raisonnement est qu'il y a quelque chose d'admirable dans l'homme, quoi que vous puissiez dire, que tous les savants ne sauraient expliquer. Cela n'est-il pas merveilleux que me voilà ici, et que j'aie quelque chose dans la tête qui pense cent choses différentes en un moment, et fait de mon corps tout ce qu'elle veut ? Je veux frapper des mains, hausser le bras, lever les yeux au ciel, baisser la tête, remuer les pieds, aller à droit, à gauche, en avant, en arrière, tourner...

Il se laisse tomber en tournant.

DOM JUAN

Bon ! voilà ton raisonnement qui a le nez cassé.

SGANARELLE

Morbleu ! je suis bien sot de m'amuser à raisonner avec vous. Croyez ce que vous voudrez : il m'importe bien que vous soyez damné !

---

1. Cet argument de l'existence de Dieu par les causes finales est commun.

DOM JUAN

Mais tout en raisonnant, je crois que nous sommes égarés. Appelle un peu cet homme que voilà là-bas, pour lui demander le chemin.

SGANARELLE

Holà ! ho, l'homme ! ho, mon compère ! ho, l'ami ! un petit mot s'il vous plaît.

SCÈNE II

DOM JUAN, SGANARELLE, UN PAUVRE [1]

SGANARELLE

Enseignez-nous un peu le chemin qui mène à la ville.

LE PAUVRE

Vous n'avez qu'à suivre cette route, Messieurs, et détourner à main droite quand vous serez au bout de la forêt. Mais je vous donne avis que vous devez vous tenir sur vos gardes, et que depuis quelque temps il y a des voleurs ici autour.

1. Un *pauvre* retiré depuis dix ans tout seul dans un bois « occupé à prier », voilà qui ressemble fort à un ermite. Il n'est pas impossible que cette idée de payer le pauvre pour qu'il jure ait été inspirée à Molière par un trait du chevalier de Roquelaure. C'était un libertin fameux, de très bonne noblesse, à qui son libertinage valut emprisonnement et poursuites.

DOM JUAN

Je te suis bien obligé, mon ami, et je te rends grâce de tout mon cœur.

LE PAUVRE

Si vous vouliez, Monsieur, me secourir de quelque aumône ?

DOM JUAN

Ah ! ah ! ton avis est intéressé, à ce que je vois.

LE PAUVRE

Je suis un pauvre homme, Monsieur, retiré tout seul dans ce bois depuis dix ans, et je ne manquerai pas de prier le Ciel qu'il vous donne toute sorte de biens.

DOM JUAN

Eh ! prie-le qu'il te donne un habit, sans te mettre en peine des affaires des autres.

SGANARELLE

Vous ne connaissez pas Monsieur, bonhomme ; il ne croit qu'en deux et deux sont quatre et en quatre et quatre sont huit.

DOM JUAN

Quelle est ton occupation parmi ces arbres ?

LE PAUVRE

De prier le Ciel tout le jour pour la prospérité des gens de bien qui me donnent quelque chose.

DOM JUAN

Il ne se peut donc pas que tu ne sois bien à ton aise ?

LE PAUVRE

Hélas ! Monsieur, je suis dans la plus grande nécessité du monde.

DOM JUAN

Tu te moques : un homme qui prie le Ciel tout le jour ne peut pas manquer d'être bien dans ses affaires.

LE PAUVRE

Je vous assure, Monsieur, que le plus souvent je n'ai pas un morceau de pain à mettre sous les dents.

DOM JUAN

Voilà qui est étrange, et tu es bien mal reconnu de tes soins. Ah ! ah ! je m'en vais te donner un louis d'or tout à l'heure, pourvu que tu veuilles jurer.

LE PAUVRE

Ah ! Monsieur, voudriez-vous que je commisse un tel péché ?

DOM JUAN

Tu n'as qu'à voir si tu veux gagner un louis d'or ou non. En voici un que je te donne, si tu jures ; tiens, il faut jurer.

LE PAUVRE

Monsieur !

DOM JUAN

À moins de cela, tu ne l'auras pas.

SGANARELLE

Va, va, jure un peu, il n'y a pas de mal.

DOM JUAN

Prends, le voilà ; prends, te dis-je, mais jure donc[1].

LE PAUVRE

Non, Monsieur, j'aime mieux mourir de faim.

DOM JUAN

Va, va, je te le donne pour l'amour de l'humanité[2].

1. Le juron est assimilé au blasphème par une tradition constante. « Jurer se dit aussi des blasphèmes et des exécrations qui se profèrent contre Dieu et les choses saintes, par emportement, colère, rage et quelquefois mauvaise habitude », dit Furetière. La dernière ordonnance royale contre blasphème (1651, renouvelée en 1666) porte « défense de blasphémer, jurer, détester la divine Majesté et de proférer aucune parole contre l'honneur de la très Sacrée Vierge sa mère et des saints. » La première fois, la punition est l'amende ; la septième fois : pilori, lèvre de dessus coupée ; ensuite « langue coupée tout juste ». Ces ordonnances étaient appliquées ; la Compagnie du Saint-Sacrement y veillait. Dom Juan engage le mendiant à commettre un crime, et un péché mortel. Il lui ferait perdre son âme, son droit au paradis ; il se comporte comme le Tentateur.

2. *Humanité* a deux sens possibles selon Furetière : « nature humaine » ou « douceur, bonté, honnêteté, tendresse, telle qu'il convient d'avoir pour son semblable ». Les deux sens convergent. Dom Juan proteste de son amour pour les hommes (au reste, il n'y

Mais que vois-je là ? un homme attaqué par trois autres ? La partie est trop inégale, et je ne dois pas souffrir cette lâcheté.

Il court au lieu du combat.

SCÈNE III

DOM JUAN, DOM CARLOS, SGANARELLE

SGANARELLE

Mon maître est un vrai enragé d'aller se présenter à un péril qui ne le cherche pas ; mais, ma foi ! le secours a servi, et les deux ont fait fuir les trois.

DOM CARLOS, *l'épée à la main*

On voit, par la fuite de ces voleurs, de quel secours est votre bras. Souffrez, Monsieur, que je vous rende grâce d'une action si généreuse, et que...

DOM JUAN, *revenant l'épée à la main*

Je n'ai rien fait, Monsieur, que vous n'eussiez fait en ma place. Notre propre honneur est intéressé dans de pareilles aventures [1], et l'action de ces coquins était si lâche que c'eût été y prendre part que de ne s'y pas

---

faudrait pas trop croire). Mais il ne les aime pas en un Dieu, auquel il ne croit pas. En modifiant la formule habituelle : pour l'amour de Dieu, il fait comme une discrète profession de foi d'athéisme.

1. La morale de Dom Juan est chevaleresque, et point chrétienne.

opposer. Mais par quelle rencontre vous êtes-vous trouvé entre leurs mains ?

DOM CARLOS

Je m'étais par hasard égaré d'un frère et de tous ceux de notre suite ; et comme je cherchais à les rejoindre, j'ai fait rencontre de ces voleurs, qui d'abord ont tué mon cheval, et qui, sans votre valeur, en auraient fait autant de moi.

DOM JUAN

Votre dessein est-il d'aller du côté de la ville ?

DOM CARLOS

Oui, mais sans y vouloir entrer ; et nous nous voyons obligés, mon frère et moi, à tenir la campagne pour une de ces fâcheuses affaires qui réduisent les gentilshommes à se sacrifier, eux et leur famille, à la sévérité de leur honneur, puisque enfin le plus doux succès en est toujours funeste, et que, si l'on ne quitte pas la vie, on est contraint de quitter le Royaume ; et c'est en quoi je trouve la condition d'un gentilhomme malheureuse, de ne pouvoir point s'assurer sur toute la prudence et toute l'honnêteté de sa conduite, d'être asservi par les lois de l'honneur au dérèglement de la conduite d'autrui, et de voir sa vie, son repos et ses biens dépendre de la fantaisie du premier téméraire qui s'avisera de lui faire une de ces injures pour qui un honnête homme doit périr [1].

1. La sévérité des lois contre le duel, à l'application desquelles Louis XIV tenait la main, ne pouvait être blâmée par Molière. Mais la morale courante admettait qu'il y avait des occasions où le duel

DOM JUAN

On a cet avantage, qu'on fait courir le même risque et passer mal aussi le temps à ceux qui prennent fantaisie de nous venir faire une offense de gaieté de cœur. Mais ne serait-ce point une indiscrétion que de vous demander quelle peut être votre affaire ?

DOM CARLOS

La chose en est aux termes de n'en plus faire de secret, et lorsque l'injure a une fois éclaté, notre honneur ne va point à vouloir cacher notre honte, mais à faire éclater notre vengeance, et à publier même le dessein que nous en avons. Ainsi, Monsieur, je ne feindrai point de vous dire que l'offense que nous cherchons à venger est une sœur séduite et enlevée d'un couvent, et que l'auteur de cette offense est un Dom Juan Tenorio, fils de Dom Louis Tenorio. Nous le cherchons depuis quelques jours, et nous l'avons suivi ce matin sur le rapport d'un valet qui nous a dit qu'il sortait à cheval, accompagné de quatre ou cinq, et qu'il avait pris le long de cette côte ; mais tous nos soins ont été inutiles, et nous n'avons pu découvrir ce qu'il est devenu.

DOM JUAN

Le connaissez-vous, Monsieur, ce Dom Juan dont vous parlez ?

était inévitable. De là ces propos à la fois précautionneux et raisonnables.

DOM CARLOS

Non, quant à moi. Je ne l'ai jamais vu, et je l'ai seulement ouï dépeindre à mon frère ; mais la renommée n'en dit pas force bien, et c'est un homme dont la vie...

DOM JUAN

Arrêtez, Monsieur, s'il vous plaît. Il est un peu de mes amis [1], et ce serait à moi une espèce de lâcheté que d'en ouïr dire du mal.

DOM CARLOS

Pour l'amour de vous, Monsieur, je n'en dirai rien du tout, et c'est bien la moindre chose que je vous doive, après m'avoir sauvé la vie, que de me taire devant vous d'une personne que vous connaissez, lorsque je ne puis en parler sans en dire du mal ; mais, quelque ami que vous lui soyez, j'ose espérer que vous n'approuverez pas son action, et ne trouverez pas étrange que nous cherchions d'en prendre la vengeance.

DOM JUAN

Au contraire, je vous y veux servir, et vous épargner des soins inutiles. Je suis ami de Dom Juan, je ne puis pas m'en empêcher ; mais il n'est pas raisonnable qu'il

---

1. Formule équivoque, au sens que le mot comporte dans la casuistique. L'équivoque se poursuivra pendant toute la fin de la scène ; elle est cultivée par jeu par Dom Juan, chez qui pointent déjà l'hypocrite et le laxiste, qui, plus tard, se révéleront.

offense impunément des gentilshommes, et je m'engage à vous faire faire raison par lui.

DOM CARLOS

Et quelle raison peut-on faire à ces sortes d'injures ?

DOM JUAN

Toute celle que votre honneur peut souhaiter ; et, sans vous donner la peine de chercher Dom Juan davantage, je m'oblige à le faire trouver au lieu que vous voudrez, et quand il vous plaira.

DOM CARLOS

Cet espoir est bien doux, Monsieur, à des cœurs offensés ; mais, après ce que je vous dois, ce me serait une trop sensible douleur que vous fussiez de la partie[1].

DOM JUAN

Je suis si attaché à Dom Juan qu'il ne saurait se battre que je ne me batte aussi ; mais enfin j'en réponds comme de moi-même, et vous n'avez qu'à dire quand vous voulez qu'il paraisse et vous donne satisfaction.

DOM CARLOS

Que ma destinée est cruelle ! Faut-il que je vous doive la vie, et que Dom Juan soit de vos amis ?

---

1. Dom Juan, mettant en rapport deux duellistes, se devra de servir de second à l'un des deux, et de se battre. Il sera de la partie.

SCÈNE IV

DOM ALONSE, *et trois Suivants,*
DOM CARLOS, DOM JUAN, SGANARELLE

DOM ALONSE

Faites boire là mes chevaux, et qu'on les amène après nous ; je veux un peu marcher à pied. Ô Ciel ! que vois-je ici ! Quoi ? mon frère, vous voilà avec notre ennemi mortel ?

DOM CARLOS

Notre ennemi mortel ?

DOM JUAN, *se reculant de trois pas et mettant fièrement la main sur la garde de son épée*

Oui, je suis Dom Juan moi-même, et l'avantage du nombre ne m'obligera pas à vouloir déguiser mon nom.

DOM ALONSE

Ah ! traître, il faut que tu périsses, et...

DOM CARLOS

Ah ! mon frère, arrêtez. Je lui suis redevable de la vie ; et sans le secours de son bras, j'aurais été tué par des voleurs que j'ai trouvés.

DOM ALONSE

Et voulez-vous que cette considération empêche notre vengeance ? Tous les services que nous rend une main ennemie ne sont d'aucun mérite pour engager notre âme ; et s'il faut mesurer l'obligation à l'injure, votre reconnaissance, mon frère, est ici ridicule ; et comme l'honneur est infiniment plus précieux que la vie, c'est ne devoir rien proprement que d'être redevable de la vie à qui nous a ôté l'honneur.

DOM CARLOS

Je sais la différence, mon frère, qu'un gentilhomme doit toujours mettre entre l'un et l'autre, et la reconnaissance de l'obligation n'efface point en moi le ressentiment de l'injure ; mais souffrez que je lui rende ici ce qu'il m'a prêté, que je m'acquitte sur-le-champ de la vie que je lui dois, par un délai de notre vengeance, et lui laisse la liberté de jouir, durant quelques jours, du fruit de son bienfait.

DOM ALONSE

Non, non, c'est hasarder notre vengeance que de la reculer et l'occasion de la prendre peut ne plus revenir. Le Ciel nous l'offre ici, c'est à nous d'en profiter. Lorsque l'honneur est blessé mortellement, on ne doit point songer à garder aucunes mesures ; et si vous répugnez à prêter votre bras à cette action, vous n'avez qu'à vous retirer et laisser à ma main la gloire d'un tel sacrifice.

DOM CARLOS

De grâce, mon frère...

DOM ALONSE

Tous ces discours sont superflus : il faut qu'il meure.

DOM CARLOS

Arrêtez-vous, dis-je, mon frère. Je ne souffrirai point du tout qu'on attaque ses jours, et je jure le Ciel que je le défendrai ici contre qui que ce soit, et je saurai lui faire un rempart de cette même vie qu'il a sauvée ; et pour adresser vos coups, il faudra que vous me perciez.

DOM ALONSE

Quoi ? vous prenez le parti de notre ennemi contre moi ; et loin d'être saisi à son aspect des mêmes transports que je sens, vous faites voir pour lui des sentiments pleins de douceur ?

DOM CARLOS

Mon frère, montrons de la modération dans une action légitime, et ne vengeons point notre honneur avec cet emportement que vous témoignez. Ayons du cœur dont nous soyons les maîtres, une valeur qui n'ait rien de farouche, et qui se porte aux choses par une pure délibération de notre raison, et non point par le mouvement d'une aveugle colère. Je ne veux point, mon frère, demeurer redevable à mon ennemi, et je lui ai une obligation dont il faut que je m'acquitte avant toute chose. Notre vengeance, pour être différée, n'en sera pas moins éclatante : au contraire, elle en tirera de l'avantage ; et cette occasion de l'avoir pu prendre la fera paraître plus juste aux yeux de tout le monde.

DOM ALONSE

Ô l'étrange faiblesse, et l'aveuglement effroyable d'hasarder ainsi les intérêts de son honneur pour la ridicule pensée d'une obligation chimérique !

DOM CARLOS

Non, mon frère, ne vous mettez pas en peine. Si je fais une faute, je saurai bien la réparer, et je me charge de tout le soin de notre honneur ; je sais à quoi il nous oblige, et cette suspension d'un jour, que ma reconnaissance lui demande, ne fera qu'augmenter l'ardeur que j'ai de le satisfaire. Dom Juan, vous voyez que j'ai soin de vous rendre le bien que j'ai reçu de vous, et vous devez par là juger du reste, croire que je m'acquitte avec même chaleur de ce que je dois, et que je ne serais pas moins exact à vous payer l'injure que le bienfait. Je ne veux point vous obliger ici à expliquer vos sentiments, et je vous donne la liberté de penser à loisir aux résolutions que vous avez à prendre. Vous connaissez assez la grandeur de l'offense que vous nous avez faite, et je vous fais juge vous-même des réparations qu'elle demande. Il est des moyens doux pour nous satisfaire ; il en est de violents et de sanglants ; mais enfin, quelque choix que vous fassiez, vous m'avez donné parole de me faire faire raison par Dom Juan : songez à me la faire, je vous prie, et vous ressouvenez que, hors d'ici, je ne dois plus qu'à mon honneur.

DOM JUAN

Je n'ai rien exigé de vous, et vous tiendrai ce que j'ai promis.

DOM CARLOS

Allons, mon frère : un moment de douceur ne fait aucune injure à la sévérité de notre devoir.

SCÈNE V

DOM JUAN, SGANARELLE

DOM JUAN

Holà, hé, Sganarelle !

SGANARELLE

Plaît-il ?

DOM JUAN

Comment ? coquin, tu fuis quand on m'attaque ?

SGANARELLE

Pardonnez-moi, Monsieur ; je viens seulement d'ici près. Je crois que cet habit est purgatif, et que c'est prendre médecine que de le porter.

DOM JUAN

Peste soit l'insolent ! Couvre au moins ta poltronnerie d'un voile plus honnête. Sais-tu bien qui est celui à qui j'ai sauvé la vie ?

SGANARELLE

Moi ? Non.

DOM JUAN

C'est un frère d'Elvire.

SGANARELLE

Un...

DOM JUAN

Il est assez honnête homme, il en a bien usé, et j'ai regret d'avoir démêlé avec lui.

SGANARELLE

Il vous serait aisé de pacifier toutes choses.

DOM JUAN

Oui ; mais ma passion est usée pour Done Elvire, et l'engagement ne compatit point avec mon humeur. J'aime la liberté en amour, tu le sais, et je ne saurais me résoudre à renfermer mon cœur entre quatre murailles. Je te l'ai dit vingt fois, j'ai une pente naturelle à me laisser aller à tout ce qui m'attire. Mon cœur est à toutes les belles, et c'est à elles à le prendre tour à tour et à le garder tant qu'elles le pourront. Mais quel est le superbe édifice que je vois entre ces arbres ?

SGANARELLE

Vous ne le savez pas ?

DOM JUAN

Non, vraiment.

SGANARELLE

Bon ! c'est le tombeau que le Commandeur faisait faire lorsque vous le tuâtes.

DOM JUAN

Ah ! tu as raison. Je ne savais pas que c'était de ce côté-ci qu'il était. Tout le monde m'a dit des merveilles de cet ouvrage, aussi bien que de la statue du Commandeur, et j'ai envie de l'aller voir.

SGANARELLE

Monsieur, n'allez point là.

DOM JUAN

Pourquoi ?

SGANARELLE

Cela n'est pas civil, d'aller voir un homme que vous avez tué.

DOM JUAN

Au contraire, c'est une visite dont je lui veux faire civilité, et qu'il doit recevoir de bonne grâce, s'il est galant homme. Allons, entrons dedans.

Le tombeau s'ouvre, où l'on voit un superbe mausolée et la statue du Commandeur.

SGANARELLE

Ah ! que cela est beau ! Les belles statues ! le beau marbre ! les beaux piliers ! Ah ! que cela est beau ! Qu'en dites-vous, Monsieur ?

DOM JUAN

Qu'on ne peut voir aller plus loin l'ambition d'un homme mort ; et ce que je trouve admirable, c'est qu'un homme qui s'est passé[1], durant sa vie, d'une assez simple demeure, en veuille avoir une si magnifique pour quand il n'en a plus que faire.

SGANARELLE

Voici la statue du Commandeur.

DOM JUAN

Parbleu ! le voilà bon[2], avec son habit d'empereur romain !

SGANARELLE

Ma foi, Monsieur, voilà qui est bien fait. Il semble qu'il est en vie, et qu'il s'en va parler. Il jette des regards sur nous qui me feraient peur, si j'étais tout seul, et je pense qu'il ne prend pas plaisir de nous voir.

---

1. *Se passer de* : se contenter de.
2. Le contexte impose un sens ironique.

DOM JUAN

Il aurait tort, et ce serait mal recevoir l'honneur que je lui fais. Demande-lui s'il veut venir souper avec moi.

SGANARELLE

C'est une chose dont il n'a pas besoin, je crois.

DOM JUAN

Demande-lui, te dis-je.

SGANARELLE

Vous moquez-vous ? Ce serait être fou que d'aller parler à une statue.

DOM JUAN

Fais ce que je te dis.

SGANARELLE

Quelle bizarrerie ! Seigneur Commandeur... je ris de ma sottise, mais c'est mon maître qui me la fait faire. Seigneur Commandeur, mon maître Dom Juan vous demande si vous voulez lui faire l'honneur de venir souper avec lui. *(La Statue baisse la tête.)* Ha !

DOM JUAN

Qu'est-ce ? qu'as-tu ? Dis donc, veux-tu parler ?

SGANARELLE *fait le même signe que lui a fait*
la Statue et baisse la tête.

La Statue...

DOM JUAN

Eh bien ! que veux-tu dire, traître ?

SGANARELLE

Je vous dis que la Statue...

DOM JUAN

Eh bien ! la Statue ? je t'assomme, si tu ne parles.

SGANARELLE

La Statue m'a fait signe.

DOM JUAN

La peste le coquin !

SGANARELLE

Elle m'a fait signe, vous dis-je : il n'est rien de plus vrai. Allez-vous-en lui parler vous-même pour voir. Peut-être...

DOM JUAN

Viens, maraud, viens, je te veux bien faire toucher au doigt ta poltronnerie. Prends garde. Le Seigneur Commandeur voudrait-il venir souper avec moi ?

La Statue baisse encore la tête.

SGANARELLE

Je ne voudrais pas en tenir dix pistoles [1]. Eh bien !
Monsieur ?

DOM JUAN

Allons, sortons d'ici.

SGANARELLE

Voilà de mes esprits forts [2], qui ne veulent rien
croire.

1. L'édition des « Grands Écrivains » (1873-1900) comprend :
« Je ne voudrais pas, pour dix pistoles, que la chose fût autrement,
que la statue n'eût pas baissé la tête. » Le valet s'applaudit que l'incrédulité de son maître soit ainsi confondue. Nous donnerons plutôt
à *en tenir* son sens habituel : *parier*. « Je ne voudrais pas parier dix
pistoles en cette affaire », c'est-à-dire parier dix pistoles que le
commandeur ne viendra pas souper avec Dom Juan. Sganarelle est
convaincu de la réalité du miracle.
2. *Esprit fort* est synonyme de libertin.

ACTE IV

SCÈNE PREMIÈRE

DOM JUAN, SGANARELLE

DOM JUAN

Quoi qu'il en soit, laissons cela : c'est une bagatelle, et nous pouvons avoir été trompés par un faux jour, ou surpris de quelque vapeur[1] qui nous ait troublé la vue.

SGANARELLE

Eh ! Monsieur, ne cherchez point à démentir ce que nous avons vu des yeux que voilà. Il n'est rien de plus véritable que ce signe de tête ; et je ne doute point que le Ciel, scandalisé de votre vie, n'ait produit ce miracle pour vous convaincre, et pour vous retirer de...

---

1. On peut hésiter entre un sens médical (trouble des « humeurs » de Dom Juan et Sganarelle) et un sens météorologique. « Faux jour » rend le deuxième sens plus probable.

DOM JUAN

Écoute. Si tu m'importunes davantage de tes sottes moralités, si tu me dis encore le moindre mot là-dessus, je vais appeler quelqu'un, demander un nerf de bœuf, te faire tenir par trois ou quatre, et te rouer de mille coups. M'entends-tu bien ?

SGANARELLE

Fort bien, Monsieur, le mieux du monde. Vous vous expliquez clairement ; c'est ce qu'il y a de bon en vous, que vous n'allez point chercher de détours : vous dites les choses avec une netteté admirable.

DOM JUAN

Allons, qu'on me fasse souper le plus tôt que l'on pourra. Une chaise, petit garçon.

SCÈNE II

DOM JUAN, LA VIOLETTE, SGANARELLE

LA VIOLETTE

Monsieur, voilà votre marchand [1], M. Dimanche, qui demande à vous parler.

---

1. M. Dimanche est peut-être un de ces « pourvoyeurs » qui se chargeaient de fournir à forfait tout ce qui était nécessaire à une grande maison.

SGANARELLE

Bon, voilà ce qu'il nous faut, qu'un compliment de créancier. De quoi s'avise-t-il de nous venir demander de l'argent, et que ne lui disais-tu que Monsieur n'y est pas ?

LA VIOLETTE

Il y a trois quarts d'heure que je lui dis ; mais il ne veut pas le croire, et s'est assis là-dedans pour attendre.

SGANARELLE

Qu'il attende, tant qu'il voudra.

DOM JUAN

Non, au contraire, faites-le entrer. C'est une fort mauvaise politique que de se faire celer[1] aux créanciers. Il est bon de les payer de quelque chose, et j'ai le secret de les renvoyer satisfaits sans leur donner un double[2].

---

1. *Se faire celer* : laisser sa porte fermée.
2. En composant la scène célèbre entre Dom Juan et son créancier (le programme d'une troupe de province du XVIIᵉ siècle l'appelle la « belle scène »), Molière pouvait penser à beaucoup de grands seigneurs, dont un personnage assez vil, malgré un nom et un titre prestigieux, l'archevêque de Reims, Éléonor d'Estampes de Valençay (voir *Historiette* dans Tallemant des Réaux). Ses roueries avaient constitué un florilège, un art de ne point payer ses dettes. Tallemant l'a recueilli ; Molière pouvait bien en être informé. On se dira aussi que la scène comporte une amertume sous-jacente : Molière savait qu'avec un comédien qui ne paie pas ses dettes, les choses ne se passent pas aussi lestement que pour Dom Juan : c'est la prison.

SCÈNE III

DOM JUAN, M. DIMANCHE, SGANARELLE, SUITE

DOM JUAN, *faisant de grandes civilités*

Ah ! Monsieur Dimanche, approchez. Que je suis ravi de vous voir, et que je veux de mal à mes gens de ne vous pas faire entrer d'abord ! J'avais donné ordre qu'on ne me fît parler personne ; mais cet ordre n'est pas pour vous, et vous êtes en droit de ne trouver jamais de porte fermée chez moi.

M. DIMANCHE

Monsieur, je vous suis fort obligé.

DOM JUAN, *parlant à ses laquais*

Parbleu ! coquins, je vous apprendrai à laisser M. Dimanche dans une antichambre, et je vous ferai connaître les gens.

M. DIMANCHE

Monsieur, cela n'est rien.

DOM JUAN

Comment ? vous dire que je n'y suis pas, à M. Dimanche, au meilleur de mes amis ?

M. DIMANCHE

Monsieur, je suis votre serviteur. J'étais venu...

DOM JUAN

Allons vite, un siège pour M. Dimanche.

M. DIMANCHE

Monsieur, je suis bien comme cela.

DOM JUAN

Point, point, je veux que vous soyez assis contre moi.

M. DIMANCHE

Cela n'est point nécessaire.

DOM JUAN

Ôtez ce pliant [1], et apportez un fauteuil.

M. DIMANCHE

Monsieur, vous vous moquez, et...

DOM JUAN

Non, non, je sais ce que je vous dois, et je ne veux point qu'on mette de différence entre nous deux.

M. DIMANCHE

Monsieur...

---

1. Le siège pliant est le plus modeste des sièges, offert aux visiteurs peu considérés ; plus honorifiques, le tabouret, la chaise à dossier et, plus encore, le fauteuil. — Jeu de scène dans l'éd. de 1682 : « Dom Juan fait installer M. Dimanche tout près de lui, et s'aperçoit ensuite seulement que leurs sièges diffèrent ; il fait changer le pliant contre un fauteuil qu'on rapproche du sien. »

DOM JUAN

Allons, asseyez-vous.

M. DIMANCHE

Il n'est pas besoin, Monsieur, et je n'ai qu'un mot à vous dire. J'étais...

DOM JUAN

Mettez-vous là, vous dis-je.

M. DIMANCHE

Non, Monsieur, je suis bien. Je viens pour...

DOM JUAN

Non, je ne vous écoute point si vous n'êtes assis.

M. DIMANCHE

Monsieur, je fais ce que vous voulez. Je...

DOM JUAN

Parbleu ! Monsieur Dimanche, vous vous portez bien.

M. DIMANCHE

Oui, Monsieur, pour vous rendre service. Je suis venu...

DOM JUAN

Vous avez un fonds de santé admirable, des lèvres fraîches, un teint vermeil, et des yeux vifs.

M. DIMANCHE

Je voudrais bien...

DOM JUAN

Comment se porte Madame Dimanche, votre épouse ?

M. DIMANCHE

Fort bien, Monsieur, Dieu merci.

DOM JUAN

C'est une brave femme.

M. DIMANCHE

Elle est votre servante, Monsieur. Je venais...

DOM JUAN

Et votre petite fille Claudine, comment se porte-t-elle ?

M. DIMANCHE

Le mieux du monde.

DOM JUAN

La jolie petite fille que c'est ! je l'aime de tout mon cœur.

M. DIMANCHE

C'est trop d'honneur que vous lui faites, Monsieur. Je vous...

DOM JUAN

Et le petit Colin, fait-il toujours bien du bruit avec son tambour ?

M. DIMANCHE

Toujours de même, Monsieur. Je...

DOM JUAN

Et votre petit chien Brusquet ? gronde-t-il toujours aussi fort, et mord-il toujours bien aux jambes les gens qui vont chez vous ?

M. DIMANCHE

Plus que jamais, Monsieur, et nous ne saurions en chevir[1].

DOM JUAN

Ne vous étonnez pas si je m'informe des nouvelles de toute la famille, car j'y prends beaucoup d'intérêt.

M. DIMANCHE

Nous vous sommes, Monsieur, infiniment obligés. Je...

DOM JUAN, *lui tendant la main*

Touchez donc là[2], Monsieur Dimanche. Êtes-vous bien de mes amis ?

---

1. « *Chevir* : être maître de quelqu'un, de quelque chose » (Furetière).
2. Voir note 1, p. 62.

M. DIMANCHE

Monsieur, je suis votre serviteur.

DOM JUAN

Parbleu ! je suis à vous de tout mon cœur.

M. DIMANCHE

Vous m'honorez trop. Je...

DOM JUAN

Il n'y a rien que je ne fisse pour vous.

M. DIMANCHE

Monsieur, vous avez trop de bonté pour moi.

DOM JUAN

Et cela sans intérêt, je vous prie de le croire.

M. DIMANCHE

Je n'ai point mérité cette grâce assurément. Mais, Monsieur...

DOM JUAN

Oh ! çà, Monsieur Dimanche, sans façon, voulez-vous souper avec moi ?

M. DIMANCHE

Non, Monsieur, il faut que je m'en retourne tout à l'heure. Je...

DOM JUAN, *se levant*

Allons, vite un flambeau pour conduire M. Dimanche et que quatre ou cinq de mes gens prennent des mousquetons pour l'escorter.

M. DIMANCHE, *se levant de même*

Monsieur, il n'est pas nécessaire, et je m'en irai bien tout seul. Mais...

Sganarelle ôte les sièges promptement.

DOM JUAN

Comment ? Je veux qu'on vous escorte, et je m'intéresse trop à votre personne. Je suis votre serviteur, et de plus votre débiteur.

M. DIMANCHE

Ah ! Monsieur...

DOM JUAN

C'est une chose que je ne cache pas, et je le dis à tout le monde.

M. DIMANCHE

Si...

DOM JUAN

Voulez-vous que je vous reconduise ?

M. DIMANCHE

Ah ! Monsieur, vous vous moquez, Monsieur...

DOM JUAN

Embrassez-moi donc, s'il vous plaît. Je vous prie encore une fois d'être persuadé que je suis tout à vous, et qu'il n'y a rien au monde que je ne fisse pour votre service. *(Il sort.)*

SGANARELLE

Il faut avouer que vous avez en Monsieur un homme qui vous aime bien.

M. DIMANCHE

Il est vrai ; il me fait tant de civilités et tant de compliments que je ne saurais jamais lui demander de l'argent.

SGANARELLE

Je vous assure que toute sa maison périrait pour vous ; et je voudrais qu'il vous arrivât quelque chose, que quelqu'un s'avisât de vous donner des coups de bâton ; vous verriez de quelle manière...

M. DIMANCHE

Je le crois ; mais, Sganarelle, je vous prie de lui dire un petit mot de mon argent.

SGANARELLE

Oh ! ne vous mettez pas en peine, il vous payera le mieux du monde.

M. DIMANCHE

Mais vous, Sganarelle, vous me devez quelque chose en votre particulier.

SGANARELLE

Fi [1] ! ne parlez pas de cela.

M. DIMANCHE

Comment ? Je...

SGANARELLE

Ne sais-je pas bien que je vous dois ?

M. DIMANCHE

Oui, mais...

SGANARELLE

Allons, Monsieur Dimanche, je vais vous éclairer.

M. DIMANCHE

Mais mon argent...

SGANARELLE, *prenant M. Dimanche par le bras*

Vous moquez-vous ?

M. DIMANCHE

Je veux...

---

1. *Fi !* : interjection exprimant le mépris.

SGANARELLE, *le tirant*

Eh !

M. DIMANCHE

J'entends...

SGANARELLE, *le poussant*

Bagatelles.

M. DIMANCHE

Mais...

SGANARELLE, *le poussant*

Fi !

M. DIMANCHE

Je...

SGANARELLE, *le poussant tout à fait
hors du théâtre*

Fi ! vous dis-je.

SCÈNE IV

DOM LOUIS, DOM JUAN,
LA VIOLETTE, SGANARELLE

LA VIOLETTE

Monsieur, voilà Monsieur votre père.

DOM JUAN

Ah ! me voici bien : il me fallait cette visite pour me faire enrager.

DOM LOUIS

Je vois bien que je vous embarrasse et que vous vous passeriez fort aisément de ma venue. À dire vrai, nous nous incommodons étrangement l'un et l'autre ; et si vous êtes las de me voir, je suis bien las aussi de vos déportements [1]. Hélas ! que nous savons peu ce que nous faisons quand nous ne laissons pas au Ciel le soin des choses qu'il nous faut, quand nous voulons être plus avisés que lui, et que nous venons à l'importuner par nos souhaits aveugles et nos demandes inconsidérées ! J'ai souhaité un fils avec des ardeurs nonpareilles ; je l'ai demandé sans relâche avec des transports incroyables ; et ce fils, que j'obtiens en fatiguant le Ciel de vœux, est le chagrin et le supplice de cette vie même dont je croyais qu'il devait être la joie et la

---

1. « Conduite et manière de vivre... On le dit en bonne et mauvaise part » (Furetière). Il faut entendre ici écarts de conduite.

consolation. De quel œil, à votre avis, pensez-vous que
je puisse voir cet amas d'actions indignes, dont on a
peine, aux yeux du monde, d'adoucir le mauvais
visage, cette suite continuelle de méchantes affaires,
qui nous réduisent, à toutes heures, à lasser les bontés
du Souverain, et qui ont épuisé auprès de lui le mérite
de mes services et le crédit de mes amis ? Ah ! quelle
bassesse est la vôtre ! Ne rougissez-vous point de mériter si peu votre naissance ? Êtes-vous en droit, dites-
moi, d'en tirer quelque vanité ? Et qu'avez-vous fait
dans le monde pour être gentilhomme ? Croyez-vous
qu'il suffise d'en porter le nom et les armes, et que ce
nous soit une gloire d'être sorti d'un sang noble lorsque nous vivons en infâmes ? Non, non, la naissance
n'est rien où la vertu n'est pas [1]. Aussi nous n'avons
part à la gloire de nos ancêtres qu'autant que nous nous
efforçons de leur ressembler ; et cet éclat de leurs
actions qu'ils répandent sur nous nous impose un engagement de leur faire le même honneur, de suivre les
pas qu'ils nous tracent, et de ne point dégénérer de
leurs vertus, si nous voulons être estimés leurs véritables descendants. Ainsi vous descendez en vain des
aïeux dont vous êtes né : ils vous désavouent pour leur
sang, et tout ce qu'ils ont fait d'illustre ne vous donne
aucun avantage ; au contraire, l'éclat n'en rejaillit sur
vous qu'à votre déshonneur, et leur gloire est un flam-

---

1. On a fait observer depuis longtemps la qualité « sentencieu-
se » de ce vers ; Molière entendait peut-être rivaliser avec une scène
du *Menteur* (1643) de Corneille (acte V, sc. III). Il écrivait un morceau de bravoure en même temps qu'il exprimait une pensée vigou-
reuse.

beau qui éclaire aux yeux d'un chacun la honte de vos actions[1]. Apprenez enfin qu'un gentilhomme qui vit mal est un monstre dans la nature, que la vertu est le premier titre de noblesse[2], que je regarde bien moins au nom qu'on signe qu'aux actions qu'on fait, et que je ferais plus d'état du fils d'un crocheteur qui serait honnête homme que du fils d'un monarque qui vivrait comme vous.

DOM JUAN

Monsieur, si vous étiez assis, vous en seriez mieux pour parler.

DOM LOUIS

Non, insolent, je ne veux point m'asseoir, ni parler davantage, et je vois bien que toutes mes paroles ne font rien sur ton âme. Mais sache, fils indigne, que la tendresse paternelle est poussée à bout par tes actions, que je saurai, plus tôt que tu ne penses, mettre une borne à tes dérèglements, prévenir sur toi le courroux du Ciel, et laver par ta punition[3] la honte de t'avoir fait naître. *(Il sort.)*

---

1. Ce caractère de morceau de bravoure est souligné par l'emprunt de cette formule à Salluste.
2. Autre imitation de Juvénal (*Satire VIII*, v. 20).
3. Un père est en droit, au XVIIe siècle, de faire incarcérer son fils à Bicêtre ou à Saint-Lazare.

SCÈNE V

DOM JUAN, SGANARELLE

DOM JUAN

Eh ! mourez le plus tôt que vous pourrez, c'est le mieux que vous puissiez faire. Il faut que chacun ait son tour, et j'enrage de voir des pères qui vivent autant que leurs fils. *(Il se met dans son fauteuil.)*

SGANARELLE

Ah ! Monsieur, vous avez tort.

DOM JUAN

J'ai tort ?

SGANARELLE

Monsieur...

DOM JUAN *se lève de son siège.*

J'ai tort ?

SGANARELLE

Oui, Monsieur, vous avez tort d'avoir souffert ce qu'il vous a dit, et vous le deviez mettre dehors par les épaules. A-t-on jamais rien vu de plus impertinent ? Un père venir faire des remontrances à son fils, et lui dire de corriger ses actions, de se ressouvenir de sa naissance, de mener une vie d'honnête homme, et cent autres sottises de pareille nature ! Cela se peut-il souf-

frir à un homme comme vous, qui savez comme il faut
vivre ? J'admire votre patience ; et si j'avais été en
votre place, je l'aurais envoyé promener. Ô complai-
sance maudite ! à quoi me réduis-tu ?

DOM JUAN

Me fera-t-on souper bientôt ?

SCÈNE VI

DOM JUAN, DONE ELVIRE, RAGOTIN, SGANARELLE

RAGOTIN

Monsieur, voici une dame voilée qui vient vous
parler.

DOM JUAN

Que pourrait-ce être ?

SGANARELLE

Il faut voir.

DONE ELVIRE

Ne soyez point surpris, Dom Juan, de me voir à cette
heure et dans cet équipage. C'est un motif pressant qui
m'oblige à cette visite, et ce que j'ai à vous dire ne
veut point du tout de retardement. Je ne viens point ici
pleine de ce courroux que j'ai tantôt fait éclater, et
vous me voyez bien changée de ce que j'étais ce

matin[1]. Ce n'est plus cette Done Elvire qui faisait des
vœux contre vous, et dont l'âme irritée ne jetait que
menaces et ne respirait que vengeance. Le Ciel a banni
de mon âme toutes ces indignes ardeurs que je sentais
pour vous, tous ces transports tumultueux d'un attachement criminel, tous ces honteux emportements d'un
amour terrestre et grossier ; et il n'a laissé dans mon
cœur pour vous qu'une flamme épurée de tout le
commerce des sens, une tendresse toute sainte, un
amour détaché de tout, qui n'agit point pour soi, et ne
se met en peine que de votre intérêt.

DOM JUAN, à Sganarelle

Tu pleures, je pense.

SGANARELLE

Pardonnez-moi.

DONE ELVIRE

C'est ce parfait et pur amour qui me conduit ici pour
votre bien, pour vous faire part d'un avis du Ciel, et
tâcher de vous retirer du précipice où vous courez. Oui,
Dom Juan, je sais tous les dérèglements de votre vie,
et ce même Ciel, qui m'a touché le cœur et fait jeter les
yeux sur les égarements de ma conduite, m'a inspiré de
vous venir trouver, et de vous dire, de sa part, que vos
offenses ont épuisé sa miséricorde, que sa colère

---

1. Molière entend faire savoir aux doctes que sa pièce se
conforme à l'unité de temps : mais peut-être aussi veut-il signifier
que la grâce transforme en peu de temps le pécheur qui ne lui résiste
pas. Désormais, Elvire aime encore Dom Juan, mais en Dieu.

redoutable est prête de tomber sur vous, qu'il est en vous de l'éviter par un prompt repentir, et que peut-être vous n'avez pas encore un jour à vous pouvoir soustraire au plus grand de tous les malheurs [1]. Pour moi, je ne tiens plus à vous par aucun attachement du monde ; je suis revenue, grâces au Ciel, de toutes mes folles pensées ; ma retraite est résolue, et je ne demande qu'assez de vie pour pouvoir expier la faute que j'ai faite, et mériter, par une austère pénitence, le pardon de l'aveuglement où m'ont plongée les transports d'une passion condamnable. Mais, dans cette retraite, j'aurais une douleur extrême qu'une personne que j'ai chérie tendrement devînt un exemple funeste de la justice du Ciel ; et ce me sera une joie incroyable si je puis vous porter à détourner de dessus votre tête l'épouvantable coup qui vous menace. De grâce, Dom Juan, accordez-moi, pour dernière faveur, cette douce consolation ; ne me refusez point votre salut, que je vous demande avec larmes ; et si vous n'êtes point touché de votre intérêt, soyez-le au moins de mes prières, et m'épargnez le cruel déplaisir de vous voir condamner à des supplices éternels.

SGANARELLE

Pauvre femme !

DONE ELVIRE

Je vous ai aimé avec une tendresse extrême, rien au monde ne m'a été si cher que vous ; j'ai oublié mon

---

1. L'impénitence finale.

devoir pour vous, j'ai fait toutes choses pour vous ; et toute la récompense que je vous en demande, c'est de corriger votre vie, et de prévenir votre perte. Sauvez-vous, je vous prie, ou pour l'amour de vous, ou pour l'amour de moi. Encore une fois, Dom Juan, je vous le demande avec larmes ; et si ce n'est assez des larmes d'une personne que vous avez aimée, je vous en conjure par tout ce qui est le plus capable de vous toucher [1].

SGANARELLE

Cœur de tigre !

DONE ELVIRE

Je m'en vais, après ce discours, et voilà tout ce que j'avais à vous dire.

DOM JUAN

Madame, il est tard, demeurez ici : on vous y logera le mieux qu'on pourra.

DONE ELVIRE

Non, Dom Juan, ne me retenez pas davantage.

DOM JUAN

Madame, vous me ferez plaisir de demeurer, je vous assure.

1. Elvire a conjuré Dom Juan « pour l'amour de vous, ou pour l'amour de moi ». Que reste-t-il à quoi elle puisse songer en disant « ce qui est le plus capable de vous toucher » ? Les actuelles amantes de Dom Juan, sans doute ; et c'est la suprême abnégation de la part de l'épouse bafouée.

DONE ELVIRE

Non, vous dis-je, ne perdons point de temps en discours superflus. Laissez-moi vite aller, ne faites aucune instance pour me conduire, et songez seulement à profiter de mon avis.

SCÈNE VII

DOM JUAN, SGANARELLE, SUITE

DOM JUAN

Sais-tu bien que j'ai encore senti quelque peu d'émotion pour elle, que j'ai trouvé de l'agrément dans cette nouveauté bizarre, et que son habit négligé, son air languissant et ses larmes ont réveillé en moi quelques petits restes d'un feu éteint ?

SGANARELLE

C'est-à-dire que ses paroles n'ont fait aucun effet sur vous.

DOM JUAN

Vite à souper.

SGANARELLE

Fort bien.

DOM JUAN, *se mettant à table*

Sganarelle, il faut songer à s'amender pourtant.

SGANARELLE

Oui dea !

DOM JUAN

Oui, ma foi ! il faut s'amender ; encore vingt ou trente ans de cette vie-ci, et puis nous songerons à nous.

SGANARELLE

Oh !

DOM JUAN

Qu'en dis-tu ?

SGANARELLE

Rien. Voilà le souper.

> *Il prend un morceau d'un des plats qu'on apporte et le met dans sa bouche.*

DOM JUAN

Il me semble que tu as la joue enflée ; qu'est-ce que c'est ? Parle donc, qu'as-tu là ?

SGANARELLE

Rien.

DOM JUAN

Montre un peu. Parbleu ! c'est une fluxion qui lui
est tombée sur la joue. Vite une lancette pour percer
cela. Le pauvre garçon n'en peut plus, et cet abcès le
pourrait étouffer. Attends : voyez comme il était mûr.
Ah ! coquin que vous êtes !

SGANARELLE

Ma foi ! Monsieur, je voulais voir si votre cuisinier
n'avait point mis trop de sel ou trop de poivre.

DOM JUAN

Allons, mets-toi là, et mange. J'ai affaire de toi
quand j'aurai soupé. Tu as faim à ce que je vois.

SGANARELLE *se met à table* [1].

Je le crois bien, Monsieur : je n'ai point mangé
depuis ce matin. Tâtez de cela, voilà qui est le meilleur
du monde.

> *Un laquais ôte les assiettes de Sganarelle*
> *d'abord* [2] *qu'il y a dessus à manger.*

Mon assiette, mon assiette ! tout doux, s'il vous
plaît. Vertubleu ! petit compère, que vous êtes habile à

---

1. Cette scène était sans doute agrémentée de plaisanteries
variées, dont les indications scéniques donnent une idée, mais que
nous connaissons aussi par un programme de *Dom Juan* imprimé
en province au XVIIe siècle : « Sganarelle n'oublie rien de ce qui peut
faire rire et par ses postures italiennes divertit son maître, qui se
voit contraint par son impatience de le faire manger avec lui. »
2. Aussitôt.

donner des assiettes nettes ! et vous, petit la Violette, que vous savez présenter à boire à propos !

> *Pendant qu'un laquais donne à boire à Sgana-relle, l'autre laquais ôte encore son assiette.*

DOM JUAN

Qui peut frapper de cette sorte ?

SGANARELLE

Qui diable nous vient troubler dans notre repas ?

DOM JUAN

Je veux souper en repos au moins, et qu'on ne laisse entrer personne.

SGANARELLE

Laissez-moi faire, je m'y en vais moi-même.

DOM JUAN

Qu'est-ce donc ? Qu'y a-t-il ?

SGANARELLE, *baissant la tête comme a fait la Statue*

Le... qui est là !

DOM JUAN

Allons voir, et montrons que rien ne me saurait ébranler.

SGANARELLE

Ah ! pauvre Sganarelle, où te cacheras-tu ?

SCÈNE VIII

DOM JUAN, LA STATUE
DU COMMANDEUR,
qui vient se mettre à table,
SGANARELLE, SUITE

DOM JUAN

Une chaise et un couvert, vite donc. *(À Sganarelle.)*
Allons, mets-toi à table.

SGANARELLE

Monsieur, je n'ai plus de faim.

DOM JUAN

Mets-toi là, te dis-je. À boire. À la santé du
Commandeur : je te la porte [1], Sganarelle. Qu'on lui
donne du vin.

SGANARELLE

Monsieur, je n'ai pas soif.

---

1. « Je bois avec toi à la santé du Commandeur. »

DOM JUAN

Bois, et chante ta chanson, pour régaler le Commandeur.

SGANARELLE

Je suis enrhumé, Monsieur.

DOM JUAN

Il n'importe. Allons. Vous autres, venez, accompagnez sa voix.

LA STATUE

Dom Juan, c'est assez. Je vous invite à venir demain souper avec moi. En aurez-vous le courage ?

DOM JUAN

Oui, j'irai, accompagné du seul Sganarelle.

SGANARELLE

Je vous rends grâce, il est demain jeûne pour moi.

DOM JUAN, *à Sganarelle*

Prends ce flambeau.

LA STATUE

On n'a pas besoin de lumière, quand on est conduit par le Ciel.

ACTE V

SCÈNE PREMIÈRE

DOM LOUIS, DOM JUAN, SGANARELLE

DOM LOUIS

Quoi ? mon fils, serait-il possible que la bonté du Ciel eût exaucé mes vœux ? Ce que vous me dites est-il bien vrai ? ne m'abusez-vous point d'un faux espoir, et puis-je prendre quelque assurance sur la nouveauté surprenante d'une telle conversion ?

DOM JUAN, *faisant l'hypocrite*

Oui, vous me voyez revenu de toutes mes erreurs ; je ne suis plus le même d'hier au soir, et le Ciel tout d'un coup a fait en moi un changement qui va surprendre tout le monde : il a touché mon âme et dessillé mes yeux, et je regarde avec horreur le long aveuglement où j'ai été, et les désordres criminels de la vie que j'ai menée. J'en repasse dans mon esprit toutes les abominations, et m'étonne comme le Ciel les a pu souffrir si longtemps, et n'a pas vingt fois sur ma tête laissé tomber les coups de sa justice redoutable. Je vois les grâces que sa bonté m'a faites en ne me punissant point de mes crimes[1] ; et je prétends en profiter comme je dois, faire éclater aux yeux du monde un soudain changement de vie, réparer par-là le scandale[2] de mes actions passées, et m'efforcer d'en obtenir du Ciel une pleine rémission. C'est à quoi je vais travailler ; et je vous prie, Monsieur, de vouloir bien contribuer à ce dessein, et de m'aider vous-même à faire choix d'une personne qui me serve de guide[3], et sous la conduite de qui je puisse marcher sûrement dans le chemin où je m'en vais entrer.

DOM LOUIS

Ah ! mon fils, que la tendresse d'un père est aisément rappelée, et que les offenses d'un fils s'évanouissent vite au moindre mot de repentir ! Je ne me souviens plus déjà de tous les déplaisirs que vous m'avez donnés, et tout est effacé par les paroles que vous venez de me faire entendre. Je ne me sens pas[4], je

1. Dans cette déclaration, faite avec tout un vocabulaire de la théologie morale, crime signifie péché.

2. *Scandale* a son sens rigoureusement théologique : l'exemple qu'on donne du péché, l'incitation au péché pour autrui par l'exemple.

3. Les propos de Dom Juan ressemblent de façon si troublante à une lettre du prince de Conti à son directeur de conscience qu'on a pensé que Molière en avait eu connaissance. Cela n'est pas démontrable. La ressemblance établit au moins avec quelle vraisemblance Molière a su faire parler son hypocrite.

4. « Il est tellement transporté de joie, qu'il ne se sent pas » (Furetière).

l'avoue ; je jette des larmes de joie ; tous mes vœux sont satisfaits, et je n'ai plus rien désormais à demander au Ciel. Embrassez-moi, mon fils, et persistez, je vous conjure, dans cette louable pensée. Pour moi, j'en vais tout de ce pas porter l'heureuse nouvelle à votre mère, partager avec elle les doux transports du ravissement où je suis, et rendre grâce au Ciel des saintes résolutions qu'il a daigné vous inspirer.

SCÈNE II

DOM JUAN, SGANARELLE

SGANARELLE

Ah ! Monsieur, que j'ai de joie de vous voir converti ! Il y a longtemps que j'attendais cela, et voilà, grâce au Ciel, tous mes souhaits accomplis.

DOM JUAN

La peste le benêt !

SGANARELLE

Comment, le benêt ?

DOM JUAN

Quoi ? tu prends pour de bon argent ce que je viens de dire, et tu crois que ma bouche était d'accord avec mon cœur ?

SGANARELLE

Quoi ? ce n'est pas... Vous ne... Votre... Oh ! quel homme ! quel homme ! quel homme !

DOM JUAN

Non, non, je ne suis point changé, et mes sentiments sont toujours les mêmes.

SGANARELLE

Vous ne vous rendez pas à la surprenante merveille de cette statue mouvante et parlante ?

DOM JUAN

Il y a bien quelque chose là-dedans que je ne comprends pas ; mais quoi que ce puisse être, cela n'est pas capable ni de convaincre mon esprit, ni d'ébranler mon âme ; et si j'ai dit que je voulais corriger ma conduite et me jeter dans un train de vie exemplaire, c'est un dessein que j'ai formé par pure politique, un stratagème utile, une grimace [1] nécessaire où je veux me contraindre, pour ménager un père dont j'ai besoin, et me mettre à couvert, du côté des hommes, de cent fâcheuses aventures qui pourraient m'arriver. Je veux bien, Sganarelle, t'en faire confidence, et je suis bien aise d'avoir un témoin du fond de mon âme et des véritables motifs qui m'obligent à faire les choses.

---

1. Voir note 1, p. 89. C'est un mot clef du *Tartuffe* (v. 330, 362, 1618).

SGANARELLE

Quoi ? vous ne croyez rien du tout, et vous voulez cependant vous ériger en homme de bien ?

DOM JUAN

Et pourquoi non ? Il y en a tant d'autres comme moi, qui se mêlent de ce métier, et qui se servent du même masque pour abuser le monde !

SGANARELLE

Ah ! quel homme ! quel homme !

DOM JUAN

Il n'y a plus de honte maintenant à cela : l'hypocrisie est un vice à la mode, et tous les vices à la mode passent pour vertus. Le personnage d'homme de bien est le meilleur de tous les personnages qu'on puisse jouer aujourd'hui, et la profession[1] d'hypocrite a de merveilleux avantages. C'est un art de qui l'imposture est toujours respectée ; et quoiqu'on la découvre, on n'ose rien dire contre elle. Tous les autres vices des hommes sont exposés à la censure, et chacun a la liberté de les attaquer hautement ; mais l'hypocrisie est un vice privilégié, qui, de sa main, ferme la bouche à

---

1. *Profession* : « déclaration publique et solennelle de sa religion, de sa croyance » et « dans les monastères, promesse qu'on fait solennellement d'observer les trois vœux de Religion et les règles de l'ordre » (Furetière). Dom Juan s'engage solennellement dans une « société », qui est aussi un ordre diabolique, celui des hypocrites, et pour ainsi dire une Église infernale.

tout le monde, et jouit en repos d'une impunité souve-
raine[1]. On lie, à force de grimaces, une société étroite
avec tous les gens du parti. Qui en choque un se les
jette tous sur les bras ; et ceux que l'on sait même agir
de bonne foi là-dessus, et que chacun connaît pour être
véritablement touchés[2], ceux-là, dis-je, sont toujours
les dupes des autres ; ils donnent hautement dans le
panneau des grimaciers et appuient aveuglément les
singes de leurs actions. Combien crois-tu que j'en
connaisse qui, par ce stratagème, ont rhabillé[3] adroitement les désordres de leur jeunesse, qui se sont fait un
bouclier du manteau de la religion, et, sous cet habit
respecté, ont la permission d'être les plus méchants
hommes du monde ? On a beau savoir leurs intrigues
et les connaître pour ce qu'ils sont, ils ne laissent pas
pour cela d'être en crédit parmi les gens ; et quelque
baissement de tête, un soupir mortifié, et deux roule-
ments d'yeux rajustent dans le monde tout ce qu'ils
peuvent faire. C'est sous cet abri favorable que je veux
me sauver, et mettre en sûreté mes affaires. Je ne quit-
terai point mes douces habitudes ; mais j'aurai soin de
me cacher et me divertirai à petit bruit. Que si je viens
à être découvert, je verrai, sans me remuer, prendre
mes intérêts à toute la cabale, et je serai défendu par
elle envers et contre tous. Enfin c'est là le vrai moyen
de faire impunément tout ce que je voudrai. Je m'éri-
gerai en censeur des actions d'autrui, jugerai mal de

1. Une impunité digne d'un Dieu ou d'un roi.
2. *Véritablement touchés* : animés par une dévotion véritable.
3. *Rhabiller* : raccommoder quelque chose.

tout le monde, et n'aurai bonne opinion que de moi. Dès qu'une fois on m'aura choqué tant soit peu, je ne pardonnerai jamais et garderai tout doucement une haine irréconciliable. Je ferai le vengeur des intérêts du Ciel[1], et, sous ce prétexte commode, je pousserai[2] mes ennemis, je les accuserai d'impiété, et saurai déchaîner contre eux des zélés indiscrets, qui, sans connaissance de cause, crieront en public contre eux, qui les accableront d'injures, et les damneront hautement de leur autorité privée. C'est ainsi qu'il faut profiter des faiblesses des hommes, et qu'un sage esprit s'accommode aux vices de son siècle.

SGANARELLE

Ô Ciel ! qu'entends-je ici ? Il ne vous manquait plus que d'être hypocrite pour vous achever de tout point, et voilà le comble des abominations. Monsieur, cette dernière-ci m'emporte et je ne puis m'empêcher de parler. Faites-moi tout ce qu'il vous plaira, battez-moi, assommez-moi de coups, tuez-moi, si vous voulez : il faut que je décharge mon cœur[3], et qu'en valet fidèle je vous dise ce que je dois. Sachez, Monsieur, que tant

1. Encore un mot clef du *Tartuffe* (v. 1207-1219).
2. *Pousser* un ennemi : le harceler.
3. C'est ici sans doute l'un des passages les plus difficiles à interpréter de la pièce. Sganarelle, témoin des turpitudes de son maître, témoin aussi de deux miracles, qui auraient dû ouvrir les yeux du libertin, se répand en propos décousus, qui tiennent du galimatias ou de la fatrasie (voir la préface, p. 18). L'émotion qu'il éprouve explique dans sa bouche de tels propos ; mais l'apparition à un moment pareil des procédés d'un comique élémentaire destinés à provoquer un gros rire se concilie malaisément avec des intentions édifiantes.

va la cruche à l'eau qu'enfin elle se brise[1] ; et comme dit fort bien cet auteur que je ne connais pas, l'homme est en ce monde ainsi que l'oiseau sur la branche ; la branche est attachée à l'arbre ; qui s'attache à l'arbre suit de bons préceptes ; les bons préceptes valent mieux que les belles paroles ; les belles paroles se trouvent à la cour ; à la cour sont les courtisans ; les courtisans suivent la mode ; la mode vient de la fantaisie ; la fantaisie est une faculté de l'âme ; l'âme est ce qui nous donne la vie ; la vie finit par la mort ; la mort nous fait penser au Ciel ; le Ciel est au-dessus de la terre ; la terre n'est point la mer ; la mer est sujette aux orages ; les orages tourmentent les vaisseaux ; les vaisseaux ont besoin d'un bon pilote ; un bon pilote a de la prudence ; la prudence n'est point dans les jeunes gens ; les jeunes gens doivent obéissance aux vieux ; les vieux aiment les richesses ; les richesses font les riches ; les riches ne sont pas pauvres ; les pauvres ont de la nécessité, nécessité n'a point de loi ; qui n'a point de loi vit en bête brute ; et par conséquent, vous serez damné à tous les diables.

DOM JUAN

Ô le beau raisonnement !

SGANARELLE

Après cela, si vous ne vous rendez, tant pis pour vous.

---

1. Proverbe qui signifie qu'à force de braver le danger ou de commettre la même faute, on finit par y succomber ou en pâtir.

SCÈNE III

DOM CARLOS, DOM JUAN, SGANARELLE

DOM CARLOS

Dom Juan, je vous trouve à propos, et suis bien aise de vous parler ici plutôt que chez vous, pour vous demander vos résolutions. Vous savez que ce soin me regarde, et que je me suis en votre présence chargé de cette affaire. Pour moi je ne le cèle point, je souhaite fort que les choses aillent dans la douceur ; et il n'y a rien que je ne fasse pour porter votre esprit à vouloir prendre cette voie, et pour vous voir publiquement confirmer à ma sœur le nom de votre femme.

DOM JUAN, *d'un ton hypocrite*

Hélas ! je voudrais bien, de tout mon cœur, vous donner la satisfaction que vous souhaitez ; mais le Ciel s'y oppose directement : il a inspiré à mon âme le dessein de changer de vie, et je n'ai point d'autres pensées maintenant que de quitter entièrement tous les attachements du monde, de me dépouiller au plus tôt de toutes sortes de vanités, et de corriger désormais par une austère conduite tous les dérèglements criminels où m'a porté le feu d'une aveugle jeunesse.

DOM CARLOS

Ce dessein, Dom Juan, ne choque point ce que je dis ; et la compagnie d'une femme légitime peut bien s'accommoder avec les louables pensées que le Ciel vous inspire.

DOM JUAN

Hélas ! point du tout. C'est un dessein que votre sœur elle-même a pris : elle a résolu sa retraite et nous avons été touchés tous deux en même temps.

DOM CARLOS

Sa retraite ne peut nous satisfaire, pouvant être imputée au mépris que vous feriez d'elle et de notre famille ; et notre honneur demande qu'elle vive avec vous.

DOM JUAN

Je vous assure que cela ne se peut. J'en avais, pour moi, toutes les envies du monde, et je me suis même encore aujourd'hui conseillé [1] au Ciel pour cela ; mais, lorsque je l'ai consulté j'ai entendu une voix qui m'a dit que je ne devais point songer à votre sœur, et qu'avec elle assurément je ne ferais point mon salut.

DOM CARLOS

Croyez-vous, Dom Juan, nous éblouir par ces belles excuses ?

DOM JUAN

J'obéis à la voix du Ciel.

DOM CARLOS

Quoi ? vous voulez que je me paye d'un semblable discours ?

1. J'ai demandé conseil.

DOM JUAN

C'est le Ciel qui le veut ainsi.

DOM CARLOS

Vous aurez fait sortir ma sœur d'un couvent, pour la laisser ensuite ?

DOM JUAN

Le Ciel l'ordonne de la sorte.

DOM CARLOS

Nous souffrirons cette tache en notre famille ?

DOM JUAN

Prenez-vous-en au Ciel.

DOM CARLOS

Et quoi ? toujours le Ciel ?

DOM JUAN

Le Ciel le souhaite comme cela.

DOM CARLOS

Il suffit, Dom Juan, je vous entends. Ce n'est pas ici que je veux vous prendre, et le lieu ne le souffre pas ; mais, avant qu'il soit peu, je saurai vous trouver.

DOM JUAN

Vous ferez ce que vous voudrez ; vous savez que je ne manque point de cœur, et que je sais me servir de mon épée quand il le faut. Je m'en vais passer tout à l'heure dans cette petite rue écartée qui mène au grand couvent ; mais je vous déclare, pour moi, que ce n'est point moi qui me veux battre : le Ciel m'en défend la pensée ; et si vous m'attaquez, nous verrons ce qui en arrivera[1].

DOM CARLOS

Nous verrons, de vrai, nous verrons.

SCÈNE IV

DOM JUAN, SGANARELLE

SGANARELLE

Monsieur, quel diable de style prenez-vous là ? Ceci est bien pis que le reste, et je vous aimerais bien mieux encore comme vous étiez auparavant. J'espérais toujours de votre salut ; mais c'est maintenant que j'en désespère ; et je crois que le Ciel, qui vous a souffert jusques ici, ne pourra souffrir du tout cette dernière horreur.

---

1. La fréquence des duels au XVIIe siècle pose aux gentilshommes, et à leurs directeurs et confesseurs, souvent un cas de conscience : comment se comporter lorsqu'on est provoqué en duel ? Dom Juan, devenu hypocrite, vient de donner rendez-vous pour un duel : c'est-à-dire de commettre, en intention déjà, le péché d'homicide. Mais la doctrine de la direction d'intention lui permet, cependant, de rester en paix avec sa conscience.

DOM JUAN

Va, va, le Ciel n'est pas si exact que tu penses ; et si toutes les fois que les hommes...

SGANARELLE

Ah, Monsieur, c'est le Ciel qui vous parle, et c'est un avis qu'il vous donne.

DOM JUAN

Si le Ciel me donne un avis, il faut qu'il parle un peu plus clairement, s'il veut que je l'entende.

SCÈNE V

DOM JUAN, UN SPECTRE, *en femme voilée* [1],
SGANARELLE

LE SPECTRE

Dom Juan n'a plus qu'un moment à pouvoir profiter de la miséricorde du Ciel ; et s'il ne se repent ici, sa perte est résolue.

---

1. Nous verrions volontiers que le metteur en scène fasse en sorte, par le jeu des draperies, des éclairages et des voix, que le spectre en « femme voilée » évoque Elvire, de qui Dom Juan reconnaît la voix ; mais une Elvire symbolisant toutes les victimes du séducteur ; symbolisant, peut-être aussi, maintenant qu'elle a été touchée par le repentir, la Grâce une dernière fois offerte au pécheur. Puis le refus de la Grâce transformera le spectre en Temps, symbole de l'irrémédiable.

SGANARELLE

Entendez-vous, Monsieur ?

DOM JUAN

Qui ose tenir ces paroles ? Je crois connaître cette voix.

SGANARELLE

Ah ! Monsieur, c'est un spectre : je le reconnais au marcher.

DOM JUAN

Spectre, fantôme, ou diable, je veux voir ce que c'est.

> *Le Spectre change de figure et représente le Temps avec sa faux à la main.*

SGANARELLE

Ô Ciel ! voyez-vous, Monsieur, ce changement de figure ?

DOM JUAN

Non, non, rien n'est capable de m'imprimer de la terreur, et je veux éprouver avec mon épée si c'est un corps ou un esprit.

> *Le Spectre s'envole dans le temps que Dom Juan le veut frapper.*

SGANARELLE

Ah ! Monsieur, rendez-vous à tant de preuves, et jetez-vous vite dans le repentir.

DOM JUAN

Non, non, il ne sera pas dit, quoi qu'il arrive, que je sois capable de me repentir. Allons, suis-moi.

SCÈNE VI

LA STATUE, DOM JUAN, SGANARELLE

LA STATUE

Arrêtez, Dom Juan : vous m'avez hier donné parole de venir manger avec moi.

DOM JUAN

Oui. Où faut-il aller ?

LA STATUE

Donnez-moi la main.

DOM JUAN

La voilà.

LA STATUE

Dom Juan, l'endurcissement au péché traîne une mort funeste, et les grâces du Ciel que l'on renvoie ouvrent un chemin à sa foudre.

DOM JUAN

Ô Ciel ! que sens-je ? Un feu invisible me brûle, je n'en puis plus et tout mon corps devient...

SGANARELLE

Ah ! mes gages, mes gages [1] ! Voilà par sa mort un chacun satisfait : Ciel offensé, lois violées, filles séduites, familles déshonorées, parents outragés, femmes mises à mal, maris poussés à bout, tout le monde est content. Il n'y a que moi seul de malheureux. Mes gages, mes gages, mes gages !

---

1. Indication scénique, 1682 : « Le tonnerre tombe avec un grand bruit et de grands éclairs sur Dom Juan ; la terre s'ouvre et l'abîme ; et il sort de grands feux de l'endroit où il est tombé. » — « Mes gages, mes gages ! » vient du scénario du théâtre italien.

DOSSIER

CHRONOLOGIE

1622-1673

1622. *15 janvier* : baptême à Saint-Eustache de Jean Poquelin. — Les parents sont tapissiers depuis plusieurs générations. — Dans la famille, on appelle l'enfant Jean-Baptiste.

1632. *11 mai* : la mère du petit Poquelin meurt.

1637. *14 décembre* : Poquelin père, qui a acheté en 1631 un office de tapissier et valet de chambre du roi, obtient la survivance pour son fils.

Les études de Molière : 1° Études primaires dans une école paroissiale sans doute. 2° Études secondaires chez les Jésuites du collège de Clermont (actuel lycée Louis-le-Grand). 3° Études de droit. Molière obtient ses licences à Orléans ; se fait avocat ; au bout de quelques mois il abandonne.

L'Illustre-Théâtre : Molière aurait beaucoup fréquenté le théâtre avec l'un de ses grands-pères. Tout en étant inscrit au barreau, il aurait fait partie des troupes de deux charlatans vendeurs de médicaments, Bary et l'Orviétan.

Il connaît les Béjart, des comédiens, et surtout sans doute Madeleine Béjart, très bonne comédienne. — *30 juin 1643* : contrat de société entre Beys, Pinel, Joseph Béjart, Madeleine Béjart, Geneviève Béjart et J.-B. Poquelin. Installation de la troupe au jeu de paume des Métayers, faubourg Saint-Germain (actuellement 10-12, rue Mazarine).

1644. *28 juin* : J.-B. Poquelin signe du pseudonyme de Molière. Choix de ce pseudonyme inexpliqué.

Difficultés financières ; de plus les comédiens sont l'objet d'une guerre sans merci de la part du curé réformateur de la paroisse Saint-Sulpice, Olier. La troupe, endettée, va s'installer sur la rive droite, au port Saint-Paul (actuellement quai des Célestins). Mauvaises affaires. Molière emprisonné pour dettes, deux fois pendant quelques jours.

L'expérience des tournées (treize ans) : Molière est peut-être dans la troupe de Dufresne. Son passage attesté à Nantes, Poitiers, Toulouse, Narbonne, Pézenas, Grenoble, Lyon. *Septembre 1653*, la troupe est autorisée à prendre le titre de Troupe du prince de Conti (frère du Grand Condé). Son secteur : Languedoc, vallée du Rhône, des pointes à Bordeaux, Dijon. *Mars 1656*, Conti se convertit ; *1657*, il interdit aux comédiens de se prévaloir de son nom.

L'installation à Paris : après un passage à Rouen, la troupe débute à Paris (octobre 1658). *24 octobre* : débuts devant le roi avec *Nicomède* et un petit divertissement de Molière : *Le Docteur amoureux*, perdu. Installation salle du Petit-Bourbon, en alternance avec les Italiens.

1658. *2 novembre* : première représentation à Paris de *L'Étourdi*, créé à Lyon en 1655.

Échec dans les pièces cornéliennes : *Héraclius, Rodogune, Cinna, Le Cid, Pompée*. — Grand succès avec *Le Dépit amoureux* (deuxième pièce de Molière, créée à Béziers en 1656).

La troupe est composée de dix acteurs : dont deux sœurs Béjart, deux frères Béjart, du Parc et la du Parc. Troupe jeune et dynamique.

1659. *18 novembre* : *Les Précieuses ridicules* (troisième pièce de Molière). Vif succès. Molière commence à faire beaucoup parler de lui.

1660. *28 mai* : *Sganarelle ou le Cocu imaginaire* (quatrième pièce).

Octobre : période difficile. La salle du Petit-Bourbon est démolie.

1661. *20 janvier* : ouverture de la salle du Palais-Royal où Molière jouera jusqu'à sa mort.

4 février : première de *Dom Garcie de Navarre* (cinquième pièce).

24 juin : première de *L'École des maris* (sixième pièce).

17 août : première des *Fâcheux* à Vaux-le-Vicomte (septième pièce) chez Foucquet, le surintendant des Finances, trois semaines avant l'arrestation de celui-ci.

1662. *23 janvier* : contrat de mariage de Molière et d'Armande Béjart. — *20 février :* mariage.

8-14 mai : premier séjour de la troupe à la cour. — C'est une consécration.

26 décembre : première de *L'École des femmes*. La querelle de *L'École des femmes* commence. Les ennemis de Molière ne cesseront plus guère de le harceler, l'attaquant jusque dans sa vie privée ; l'accusant d'avoir épousé la fille de sa vieille maîtresse, Madeleine Béjart, et peut-être sa propre fille. En fait, il nous paraît certain qu'il a épousé la jeune sœur de Madeleine Béjart.

Molière répond aux attaques par *La Critique de l'École des femmes* (août 1663) et *L'Impromptu de Versailles* (octobre 1663).

1664. *29 janvier* : première du *Mariage forcé* (onzième pièce).

28 février : baptême du fils aîné de Molière. Parrain : le roi, marraine : Madame Henriette d'Angleterre, épouse du frère du roi. L'enfant meurt à dix mois.

17 avril : l'affaire du *Tartuffe* commence : les membres de la Compagnie du Saint-Sacrement délibèrent des moyens de supprimer cette « méchante comédie ».

30 avril-22 mai : la troupe est à Versailles pour les fêtes des *Plaisirs de l'île enchantée*. Première de *La Princesse d'Élide* (douzième pièce).

12 mai : première du *Tartuffe*. Mais remontrances des

dévots : le roi ne permet pas d'autres représentations publiques. Vers cette date, semble-t-il, commence à courir le bruit qu'Armande est infidèle à son mari. Bruit assez généralement accepté, mais mal contrôlable.

1665. *15 février* : première de *Dom Juan* (quatorzième pièce). Pas repris après Pâques.

4 août : baptême d'Esprit-Madeleine, fille de Molière, seul enfant qui lui ait survécu.

14 août : le roi donne à la troupe une pension de 7 000 livres, et le titre de Troupe du roi.

14 septembre : première de *L'Amour médecin* (quinzième pièce).

29 décembre 1665-5 février 1666 : relâche ; Molière, très malade, a failli mourir.

1666. *4 juin* : première du *Misanthrope* (seizième pièce).

6 août : première du *Médecin malgré lui* (dix-septième pièce). La querelle de la moralité au théâtre met en accusation Molière ; il lui est reproché (Conti, Racine, d'Aubignac) de faire retomber le théâtre à son ancienne turpitude.

1ᵉʳ décembre : la troupe part pour Versailles. Elle est employée dans le *Ballet des Muses*. Molière joue sa dix-huitième, *Mélicerte*, puis sa dix-neuvième, *Le Sicilien ou l'Amour peintre*.

1667. *16 avril* : le bruit a couru que Molière était à l'extrémité. La troupe ne recommence à jouer que le 15 mai.

5 août : représentation de *L'Imposteur*, qui n'est autre qu'un remaniement du *Tartuffe*. La pièce est immédiatement interdite par le premier président du parlement de Paris et par l'archevêque de Paris. Molière essaie vainement d'agir auprès du roi.

1668. *13 janvier* : première d'*Amphitryon* (vingtième pièce).

15 juillet : première de *George Dandin* (vingt et unième pièce).

9 septembre : première de *L'Avare* (vingt-deuxième pièce).

1669. *5 février* : *Le Tartuffe* se joue enfin librement. 44 représentations consécutives. Pour la première, recette record : 2 860 livres ; on a dû s'entasser dans tous les recoins possibles de la salle et de la scène.

4 avril : achevé d'imprimer du poème *La Gloire du Val-de-Grâce*, décrivant l'œuvre de Mignard et définissant son art.

6 octobre : première de *Monsieur de Pourceaugnac* à Chambord (vingt-troisième pièce).

1670. *4 janvier* : *Élomire hypocondre*, comédie d'un auteur non identifié. L'un des pamphlets les plus violents contre Molière, mais renseigné.

4 février : *Les Amants magnifiques* à Saint-Germain (vingt-quatrième pièce).

14 octobre : *Le Bourgeois gentilhomme* à Chambord (vingt-cinquième pièce).

1671. *17 janvier* : première de *Psyché*, dans la grande salle des Tuileries (vingt-sixième pièce). Molière a demandé, pour aller plus vite, leur collaboration à Quinault et à Pierre Corneille.

24 mai : première des *Fourberies de Scapin* (vingt-septième pièce).

2 décembre : première de *La Comtesse d'Escarbagnas* (vingt-huitième pièce).

1672. *17 février* : mort de Madeleine Béjart.

11 mars : première des *Femmes savantes* (vingt-neuvième pièce).

1ᵉʳ octobre : baptême du second fils de Molière. Il ne vivra que dix jours.

1673. *10 février* : première du *Malade imaginaire* (trentième pièce) — La musique des pièces de Molière avait jusqu'alors été faite par Lully (*La Princesse d'Élide, Monsieur de Pourceaugnac, Le Bourgeois gentilhomme*). Mais Lully, contrairement semble-t-il à un accord conclu avec Molière pour partager le privilège de l'opéra, obtient un véritable monopole pour les représentations comportant musique. Molière est amené à rompre avec Lully. *Le Malade imaginaire*, prévu pour être joué devant la cour, est donné au public du théâtre du Palais-Royal.

17 février : quatrième représentation du *Malade imaginaire*. En prononçant le *juro* de la cérémonie finale, Molière est pris de convulsions. Il cache par « un ris forcé » ce qui lui arrive. Il est transporté chez lui dans sa chaise. Il tousse, crache du sang et meurt peu après. Sa femme a vainement cherché un prêtre pour lui donner l'absolution. Il est mort sans avoir abjuré sa qualité de comédien. La sépulture ecclésiastique lui est refusée. Sa femme va supplier le roi, qui fait pression sur l'archevêque. Le curé de Saint-Eustache autorise enfin un enterrement discret et de nuit au cimetière Saint-Joseph, dépendant de Saint-Eustache. Il se peut que le corps ait été transféré dans la partie réservée aux enfants morts sans baptême.

3 mars : *Le Malade imaginaire* est repris, avec La Thorillière dans le rôle du malade.

NOTE SUR LE TITRE,
LES COSTUMES
ET LES DÉCORS DE LA PIÈCE

C'est Tirso de Molina (1583-1648) qui est l'auteur de la première apparition au théâtre de Don Juan. Il avait intitulé sa pièce *El Burlador de Sevilla y Combibado de pietra* (« Le trompeur de Séville et le Convié de pierre »). Les Italiens titrent : *Le Festin de pierre* ; traduction plus qu'approximative : l'un des convives est de pierre, mais comment le festin le serait-il ? Dorimond, Villiers, ensuite Rosimond acceptent le titre, mais en appelant leur commandeur Dom Pierre. L'impropriété de la traduction est ainsi escamotée à la faveur d'un jeu de mots entre Pierre et pierre. Molière ne s'en est pas soucié : il ne donne pas de nom à son commandeur et accepte le titre consacré par l'usage.

Molière jouait Sganarelle. Le reste de la distribution est conjectural. Le costume de Sganarelle est connu : « un juppon [long pourpoint] de satin aurore, une camisole de toile à parements d'or, un pourpoint de satin à fleurs du *Festin de pierre*, deux panetières, une fine, l'autre fausse, une écharpe de taffetas, une petite chemisette et manche de taffetas couleur de rose et argent fin, deux manches de taffetas couleur de feu et moire verte, garnies de dentelles d'argent, une chemisette de taffetas rouge, deux cuissards de moire d'argent verte, prisé ensemble 20 livres ». On pensera peut-être qu'il est bien riche pour être celui d'un valet. Mais nous sommes au théâtre et Sganarelle est un valet de confiance.

Les décors du *Dom Juan* sont connus par un marché. Six décors : un palais au travers duquel on voit un jardin ; un hameau de verdure avec une grotte au travers de laquelle on voit la mer ; une forêt avec à l'arrière-plan « une manière de temple » entouré de verdure ; le dedans d'un temple ; une chambre ; une ville. Cette « manière de temple » doit être une chapelle funéraire où est enseveli le commandeur. D'autre part, on constate qu'il y a six décors pour cinq actes. Un acte devait en comporter deux. Ce doit être le IIIe. En effet le prospectus d'une troupe de campagne prévoit pour le IIIe acte un bois qui se change en un théâtre de statues de marbre blanc. Par la richesse des décors, le changement du IIIe acte, l'embrasement final, *Dom Juan* tenait un peu de la pièce à machines.

BIBLIOGRAPHIE

Éditions de référence

Œuvres complètes, édition de Georges Couton, Gallimard, Bibliothèque de la Pléiade, 1971, revue en 1976, 2 vol.

Œuvres complètes, nouvelle édition de Georges Forestier, avec Claude Bourqui, Gallimard, Bibliothèque de la Pléiade, 2010, 2 vol.

Études concernant l'œuvre de Molière

René BRAY, *Molière homme de théâtre*, Mercure de France, 1954.

Jean-Pierre COLLINET, *Lectures de Molière*, Armand Colin, coll. « U2 », 1974.

Gabriel CONESA, *Le Dialogue moliéresque, étude stylistique et dramaturgique* (1983), rééd. SEDES-CDU, 1992.

Gabriel CONESA, *La Comédie de l'âge classique, 1630-1715*, Le Seuil, coll. « Écrivains de toujours », 1995.

Jacques COPEAU, *Registres II, Molière*, Gallimard, 1976.

Patrick DANDREY, *Molière ou l'esthétique du ridicule*, Klincksieck, coll. « Bibliothèque d'histoire du théâtre », 1992.

Gérard DEFAUX, *Molière ou les métamorphoses du comique*, 2ᵉ éd., Klincksieck, coll. « Bibliothèque d'histoire du théâtre », 1992.

Georges FORESTIER, *Molière*, Bordas, coll. « En toutes lettres », 1990.

Antony MCKENNA, *Molière dramaturge libertin*, Champion, 2005.

Jacques TRUCHET et autres, *Thématiques de Molière*, SEDES, 1985.

Études sur Dom Juan

Patrick DANDREY, *Dom Juan ou la critique de la raison comique*, Champion, 1993.

Maurice DESCOTES, *Les Grands Rôles du théâtre de Molière*, PUF, 1960, chap. II.

Georges FORESTIER, « Langage dramatique et langage symbolique dans le *Dom Juan* de Molière », repris dans Pierre Ronzeaud éd., *Molière/Dom Juan*, pp. 161-174.

Jacques GUICHARNAUD, *Molière, une aventure théâtrale : « Tartuffe », « Dom Juan », « Le Misanthrope »*, Gallimard, 1963.

René PINTARD, « Temps et lieux dans le *Dom Juan* de Molière », *Mélanges Siciliano*, 1966.

Pierre RONZEAUD éd., *Molière/Dom Juan*, Klincksieck, coll. « Parcours critique », 1993.

Jacques SCHERER, *Sur le Dom Juan de Molière*, Nizet, 1970.

Le mythe de Dom Juan

Christian BIET, *Dom Juan. Mille et trois récits d'un mythe*, « Découvertes Gallimard », 1998.

Giovanni MACCHIA, *Vie, aventures et mort de Dom Juan*, trad. Claude Perrus, Desjonquères, coll. « Le bon sens », 1990.

Jean ROUSSET, *Le Mythe de Dom Juan*, Armand Colin, coll. « U2 », 1978.

C. B.

RÉSUMÉ

ACTE I

Dom Juan a séduit Done Elvire, qui s'est enfuie de son couvent pour l'épouser. Or il est parti précipitamment. L'écuyer d'Elvire apprend à Sganarelle, le valet de Dom Juan, qu'elle est à la recherche de son époux. Sganarelle se montre franc : son maître s'est sans doute déjà lassé d'Elvire et doit courtiser quelque autre jeune beauté (scène 1). Son intuition se trouve confirmée : Dom Juan a pour projet d'enlever une jeune fiancée lors d'une promenade en mer. Sganarelle tente en vain de le raisonner (scène 2). Elvire arrive qui demande des explications à Dom Juan. Après avoir sommé son valet de répondre à sa place, Dom Juan prétexte ses remords de dévoyer ainsi une âme pieuse. Furieuse, Elvire le menace de la « colère d'une femme offensée » (scène 3).

ACTE II

Pierrot raconte à sa fiancée Charlotte comment il a sauvé un domestique et son maître de la noyade (scène 1). Alors que Dom Juan se console de l'échec de sa tentative d'enlèvement en pensant à une paysanne qu'il vient de rencontrer, Charlotte se présente, désireuse de voir les deux rescapés. Dom Juan, qui la trouve à son goût, la demande en mariage (scène 2). Pierrot accourt pour faire valoir ses droits : il n'obtient que soufflets de Dom Juan et piètre consolation de Charlotte (scène 3). Il n'a pas plutôt été chassé qu'entre Mathurine, à qui Dom Juan a promis le mariage juste après le naufrage. Voici donc Dom Juan contraint de jouer double jeu : en aparté, il assure chacune tour à tour de son amour, avant de professer à haute voix que celle qu'il a demandée en mariage doit se rire des jalousies de l'autre. Après le départ de Dom Juan, Sganarelle tente de mettre en garde les deux jeunes femmes mais il est interrompu par le retour de son maître, revenu sur ses pas le chercher (scène 4). Un spadassin fait alors irruption : Dom Juan est activement recherché par douze hommes à cheval (scène 5).

ACTE III

Déguisés, Dom Juan et Sganarelle font route pour échapper à leurs poursuivants. Sganarelle en profite pour interroger son maître sur ses croyances : son seul credo est « deux et deux sont quatre et quatre et quatre sont huit » (scène 1). Égarés dans la forêt, les deux hommes demandent leur chemin à un pauvre affamé. Dom Juan, voyant que le miséreux est pieux, lui promet un louis d'or s'il consent à jurer (scène 2). C'est alors qu'en chevalier, il porte secours à un homme attaqué par trois voleurs. Cet homme n'est autre que Dom Carlos, le frère d'Elvire, parti avec Dom Alonse à la recherche d'un certain Dom Juan pour venger l'honneur bafoué de sa sœur (scène 3). Dom Alonse, revenu sur ses pas pour attendre son frère, reconnaît Dom Juan et veut se battre sans attendre. Mais Dom Carlos, par reconnaissance pour cet homme à qui il doit la vie, reporte la vengeance au lendemain (scène 4). Sur le chemin du retour, Sganarelle et son maître s'arrêtent devant le tombeau qui renferme la statue du Commandeur, tué par Dom Juan. Ils l'invitent à souper. Par deux fois, la statue s'incline (scène 5).

ACTE IV

Dom Juan ne peut croire à un miracle et, imputant l'impression du mouvement de la statue à un faux jour, se met à table (scène 1). Dérangé par son créancier M. Dimanche, Dom Juan l'assure de son amitié et le renvoie sans que ce dernier ait pu réclamer le moindre sou (scène 3). Arrive alors Dom Louis, le père de Dom Juan, venu réprimander son fils pour sa conduite indigne de ses ancêtres et de son rang. Devant son silence, Dom Louis le menace (scène 4). À peine délivré des sermons de son père, Dom Juan retrouve Elvire, désireuse de le mettre en garde : le Ciel est las de ses fredaines et il lui faut à présent se repentir et se corriger. Séduit par les larmes d'Elvire, Dom Juan lui propose de rester pour la nuit mais essuie un refus (scène 6). Sganarelle et Dom Juan sont enfin attablés quand la statue du Commandeur se présente (scène 7) et invite Dom Juan à souper pour le lendemain (scène 8).

ACTE V

Dom Juan vient informer son père de son brusque changement : durant la nuit, le repentir l'a touché et il a décidé de s'amender. Dom Louis ne sait comment exprimer sa joie (scène 1). À Sganarelle qui le félicite de ses résolutions, Dom Juan avoue que c'est là une feinte destinée à lui permettre de mener sa vie de libertin sans être inquiété. Révolté, Sganarelle se répand en propos décousus (scène 2). Arrive alors Dom Carlos qui demande à Dom Juan de confirmer publiquement son mariage avec Elvire et de régler ainsi leur affaire sans violence. Dom Juan refuse, au nom du Ciel, et indique une ruelle dans laquelle il passera où le duel pourrait avoir lieu (scène 3). Un spectre apparaît bientôt, sous la forme d'une femme voilée, qui met en garde Dom Juan : il doit se repentir maintenant, car après il sera trop tard. Dom Juan sort son épée et le spectre disparaît (scène 5). Apparaît alors la statue du Commandeur qui propose à Dom Juan de le conduire jusqu'au lieu où ils doivent souper. Lui prenant la main, Dom Juan périt, dévoré par un « feu invisible » (scène 6).

C. B.

Composition Nord Compo
Impression Novoprint
à Barcelone, le 5 novembre 2013
Dépôt légal : novembre 2013
1er dépôt légal dans la collection : décembre 2012

ISBN 978-2-07-045001-5./Imprimé en Espagne.

264164